»Regieren Sie doch selbst, Madame!«
Luise Henriette und der Große Kurfürst

Karin Feuerstein-Praßer

# *»Regieren Sie doch selbst, Madame!«*

Luise Henriette
und der Große Kurfürst

Verlag Friedrich Pustet
Regensburg

**Bibliografische Information der Deutschen Nationalbibliothek**
Die Deutsche Nationalbibliothek verzeichnet diese Publikation in der Deutschen Nationalbibliografie; detaillierte bibliografische Daten sind im Internet über http://dnb.dnb.de abrufbar.


Gutenbergstraße 8 | 93051 Regensburg
Tel. 0941/920220 | verlag@pustet.de

ISBN 978-3-7917-3349-4
Umschlaggestaltung: Heike Jörss, Regensburg
Covermotiv: Doppelporträt von Kurfürst Friedrich Wilhelm I. und seiner Gemahlin Luise Henriette. – Gemälde von Gerrit van Honthorst (Öl auf Leinwand), um 1647
Satz: Vollnhals Fotosatz, Neustadt a. d. Donau
Druck und Bindung: Friedrich Pustet, Regensburg
Printed in Germany 2022

eISBN 978-3-7917-6224-1 (epub)

Unser gesamtes Programm finden Sie unter
www.verlag-pustet.de

# Inhalt

**Vorwort** ... 7

**Zwei verschiedene Welten: Die Niederlande und Brandenburg** ... 9
- Die republikanische Oranierprinzessin ... 9
- Von Burgund zu Spanien – Die wechselvolle Geschichte der Niederlande ... 12
- Wilhelm von Oranien-Nassau – Luise Henriettes charismatischer Großvater ... 13
- Der Calvinismus – »Motor« des Freiheitskampfes gegen Spanien ... 16
- Das »Goldene Zeitalter« der Niederlande ... 18
- Freiheit – Kein Privileg der Männer ... 21
- Amalie zu Solms-Braunfels – Von der Geflüchteten zur Gattin des Statthalters ... 23
- Besuch aus Brandenburg ... 29
- Brandenburg – Die Heimat des jungen Kurfürsten Friedrich Wilhelm ... 31
- Der schwierige Neubeginn ... 32
- Die Ursprünge Preußens ... 35
- Das Zeitalter der »starken« Frauen ... 38
- Haager Heiratspläne ... 41

**Brandenburgs neue Kurfürstin** ... 45
- Hochzeit im Binnenhof ... 45
- Kleve – Die erste Etappe im Leben als Kurfürstin ... 47
- Luise Henriettes Mitgift ... 49
- Das kurze Leben des Kurprinzen ... 51
- Neue Heimat an der Spree ... 55
- Fürstlicher Besuch an der Spree ... 57
- Bötzow – Eine neue Aufgabe für Luise Henriette ... 59
- Aus Bötzow wird Oranienburg ... 61
- Luise Henriettes »grüner Daumen« ... 66

Ein neuer Mann am Berliner Hof: Reichsgraf Georg Friedrich von Waldeck ... 68
Calvinisten gegen Lutheraner ... 72
Die Bedeutung der Kirchenmusik ... 74
Zur Kur in Aachen ... 76
Pflichten einer »Unternehmerin« ... 81

**Allzu kurzes Familienglück** ... 84
Die Geburt des Kurprinzen ... 84
Unruheherd Schweden ... 85
Eine weitere starke Frau: Polens Königin Luisa Maria 88
Preußen in Gefahr! – Beschwerliche Reise nach Königsberg ... 89
Auf Seite der Schweden ... 92
Die »Partei der Frauenzimmer« ... 94
»Fritzchen« – Die Geburt des zweiten Sohnes ... 96
Zurück in Berlin ... 98
Auf dem Weg nach Jütland ... 100
Symptome der »Schwindsucht« ... 103
Sorge um Oranienburg ... 105
Die Erziehung der Söhne ... 107
Stiftung des Oranienburger Waisenhauses ... 110
Ein Erzieher für Fritzchen ... 112
Ein letztes Mal in Kleve ... 114
Luise Henriettes Tod ... 117

**Ausblick** ... 119
Kurfürstin Dorothea – Die neue Frau an Friedrich Wilhelms Seite ... 119
Die Rückkehr der Oranier ... 124

**Anhang** ... 129
Zeittafel ... 129
Stammbaum ... 132
Literaturverzeichnis (Auswahl) ... 134
Register ... 136
Bildnachweis ... 142

# Vorwort

Dass ausgerechnet ihr Zweitgeborener, »Sorgenkind Fritzchen«, 1688 seinen Vater beerbte und sich 1701 als Friedrich I. sogar zum ersten König »in« Preußen krönte, hat sie leider nicht mehr erlebt. Sie hätte es wohl auch kaum zu hoffen gewagt. Schließlich war Brandenburg-Preußen zu Luise Henriettes Lebzeiten nur ein Zwerg im europäischen Machtgefüge gewesen und die Zukunft des Landes noch völlig ungewiss.

Als die knapp 19-jährige Oranierprinzessin am 23. November 1646 im Haager Binnenhof Friedrich Wilhelm, den Kurfürsten von Brandenburg-Preußen, heiratete, ahnte wohl niemand, dass sich diese Verbindung so rasch zu einem »Erfolgsmodell« entwickeln würde. Eigentlich sprach alles dagegen, denn die Voraussetzungen schienen denkbar schlecht: Zum einen war die Ehe, wie in Adelskreisen üblich, aus rein politischen Gründen geschlossen worden. Zwar kannten sich die beiden, die als Cousin und Cousine zweiten Grades miteinander verwandt waren. Doch bis dahin hatten sie keine großen Sympathien füreinander gehabt. Hinzu kam, dass sie eigentlich jeweils andere Ehepartner ins Auge gefasst hatten, wobei zumindest bei Luise Henriette echte Gefühle im Spiel gewesen waren. Die vielleicht größte Hypothek bestand jedoch in den höchst unterschiedlichen Lebensverhältnissen ihrer Heimatländer. Die junge Oranierin, aufgewachsen an einem der prächtigsten Höfe Europas, würde künftig im armen und zerstörten Brandenburg leben müssen, in dem der Dreißigjährige Krieg besonders heftig gewütet hatte. Doch in Luise Henriette, im Familienkreis kurz »Less« genannt, steckten viel mehr Kraft, Disziplin und Durchhaltevermögen, als man der kleinen zierlichen Person vielleicht zugetraut hätte.

Es waren Eigenschaften, die sie von ihren Eltern geerbt hatte, dem Vater Friedrich Heinrich von Oranien und Mutter Amalie aus dem hessischen Adelsgeschlecht zu Solms-Braunfels. Ausgestattet mit solchen Wesensmerkmalen wurde Luise Henriette ihrem Gemahl schon bald zu einer klugen und unverzichtbaren Partnerin, die ihn tatkräftig beim schwierigen Aufbau des kriegszerstörten Landes unterstützte. Bis zu ihrem frühen Tod konnte sie miterleben, wie sich Brandenburg allmählich erholte, auch wenn noch nicht abzusehen war, wie es tatsächlich weitergehen würde.

Aufgrund der dürftigen Quellenlage ist es leider schwierig, ein vollständiges Bild von Luise Henriette zu zeichnen. Manches muss daher im Dunkeln bleiben, zum Beispiel ihre Kindheit, aber auch Näheres darüber, sie sich ihre Beziehung zu Kurfürst Friedrich Wilhelm gestaltete. Zwar gibt es keine Belege für schwere Krisen, doch gerade die lange bedrückende Phase ihrer Kinderlosigkeit wird an der Ehe nicht spurlos vorübergegangen sein.

Gemeinsam haben die beiden schwere Zeiten gemeistert, und mit Luise Henriettes vorzeitigem Tod verlor Friedrich Wilhelm nicht nur seine geliebte und geschätzte Frau, sondern auch seine engste Vertraute und Ratgeberin. Die Lücke, die sie hinterließ, konnte nicht mehr geschlossen werden.

# Zwei verschiedene Welten: Die Niederlande und Brandenburg

## Die republikanische Oranierprinzessin

Luise Henriette, die am 7. Dezember 1627 im heutigen Den Haag des Licht der Welt erblickte, war zwar eine Prinzessin, allerdings kein Königskind, denn in den Niederlanden gab es damals noch keine Monarchie, sondern die Republik der Sieben Vereinigten Provinzen. Während ihr Vater Friedrich Heinrich von Oranien (1584–1647) die Funktion eines Statthalters innehatte, war Mutter Amalie (1602–1675) vor ihrer Hochzeit Hofdame im böhmischen Prag gewesen, bis sie unter dramatischen Umständen nach Den Haag fliehen musste. Doch davon hat Luise Henriette erst viel später erfahren.

Zunächst einmal verlebte sie im Hag (oder Haag) eine unbeschwerte Kindheit. Der Name »Hag« bedeutet soviel wie Hecke oder Gehege, womit ursprünglich das Jagdrevier des Grafen von Holland gemeint war, bevor der Haag 1248 zum Regierungssitz wurde. Hier entstand jener Gebäudekomplex, der noch heute Binnenhof heißt und das Zentrum der niederländischen Politik bildet.

Nach Wilhelm, der 1626 zur Welt kam, war Luise Henriette das zweite Kind des Statthalterpaares. In den nächsten Jahren bekam sie noch drei Schwestern, Albertine Agnes (1634–1696), Henriette Katharina (1637–1708) und Marie Henriette (1642–1688). Weil der Altersunterschied zu den Mädchen ziemlich groß war, schloss sich Luise Henriette eher ihrem Bruder an, mit dem sie zunächst auch gemeinsam erzogen wurde.

Weil der calvinistische Glaube in der Familie eine große Rolle spielte, erhielten die Kinder schon früh einen umfassenden Religionsunterricht, den der Theologe und Hofprediger André Rivet (1572–1651) erteilte. Er führte sie nicht nur in Bibel und Katechismus ein, sondern besprach mit den Heranwachsenden auch theologische und dogmatische Fragen. Luise Henriette wurde durch diese religiöse Erziehung stark geprägt. Von der Besonderheit des calvinistischen Glaubens wird später noch die Rede sein.

Ansonsten aber gestaltete sich die Ausbildung der Prinzessin nicht besonders anspruchsvoll. Sie drehte sich eher um die Fertigkeiten, die damals von einer adligen »Hausfrau« erwartet wurden. Deshalb standen auf Luise Henriettes Stundenplan Handarbeiten wie Nähen und Sticken. Auch auf dem Tanzparkett musste sie eine gute Figur machen und erhielt daher entsprechenden Unterricht. Neben ihrer niederländischen Muttersprache, die sie ein Leben lang beibehielt, lernte sie Französisch, das damals an allen europäischen Höfen in Mode kam. Nachdem es zunächst mit ausländischen Gesandten gesprochen wurde, entwickelte es sich schon bald zur aristokratischen Umgangssprache.

Zu ihrer Erzieherin Freifrau von Merode hatte Luise Henriette eine herzliche Beziehung, während die vielbeschäftigte Mutter nur wenig Zeit mit den Kindern verbrachte. Besondere geistige Anregungen scheint sie ihrem Schützling aber nicht vermittelt zu haben. Doch als Mitglied der Statthalterfamilie entwickelte »Less« gleichwohl ein feines politisches Gespür, wobei beide Elternteile ihre großen Vorbilder waren.

Auch wenn der Schwerpunkt ihrer Ausbildung eindeutig auf dem Gebiet des calvinistischen Glaubens lag, so wird man die Prinzessin sicherlich auch mit der Geschichte ihres Heimatlandes vertraut gemacht haben, in der ihr Großvater Wilhelm von Oranien eine maßgebliche Rolle gespielt hatte.

Als Luise Henriette von Oranien 1627 geboren wurde, erlebten die Niederlande ihr „Goldenes Zeitalter". Nach ihrer Hochzeit mit dem jungen Kurfürsten Friedrich Wilhelm wurde das im Dreißigjährigen Krieg zerstörte Brandenburg ihre neue Heimat. Doch sie lebte sich rasch ein und stand ihrem Gemahl beim Wiederaufbau des Landes mit Rat und Tat zur Seite. – Gemälde von Gerrit van Honthorst, um 1650 (Suermondt-Ludwig-Museum, Aachen).

## Von Burgund zu Spanien – Die wechselvolle Geschichte der Niederlande

Schon zur Zeit Karls des Großen nannte man das Mündungsgebiet von Rhein, Maas und Schelde die »niederen Lande«, weil die von Deichen umfriedete Gegend zu großen Teilen unterhalb des Meeresspiegels lag. Nach dem Zerfall des Karolingerreiches im 9. Jahrhundert entstanden selbstständige Territorien: Flandern, Brabant, Artois, Hennegau, Namur, Limburg, Holland, Seeland, Geldern, dazu die Bistümer Lüttich und Utrecht.

Nachdem es den Herzögen von Burgund im 14. Jahrhundert gelungen war, in den »niederen Landen« Fuß zu fassen, kam es 1384 zur Vereinigung der bislang selbstständigen, kulturell gleichwohl verbundenen Territorien. Damit begann der Aufstieg der Niederlande zur führenden Handelsmacht. Der politische und wirtschaftliche Schwerpunkt der burgundischen Niederlande lag damals jedoch noch im Süden, in Flandern und Brabant. Dort blühte der Handel mit Stoffen, Leder und Gewürzen. Daneben sorgten Fischfang und Bierbrauerei für reichliche Einnahmen.

Dieser fulminante Erfolg stieg Karl dem Kühnen (1433–1477), Herzog von Burgund, offenbar zu Kopf. Sein Traum war ein von Frankreich unabhängiges Königreich, und im Geiste sah er sich bereits als König von Burgund. Doch dazu kam es nicht mehr, denn in der Schlacht von Nancy, die er gegen die Eidgenossenschaft führte, verlor er 1477 sein Leben.

Weil Karl der Kühne keinen männlichen Erben besaß, hatte er seine Tochter Maria vorausschauend mit dem Habsburger und späteren Kaiser Maximilian (1459–1519) verlobt. Auf diese Weise wollte er verhindern, dass Burgund wieder an Frankreich fiel. Als Frankreichs König Ludwig XI. trotzdem in Burgund einmarschierte, floh Maria nach Gent. Um von den Provinzen Flandern, Brabant, Hennegau und Holland als rechtmäßige Erbin anerkannt zu werden, musste sie sich vertraglich verpflichten, künftig nur mit Zustimmung der als »Generalstaaten« bezeichneten Provinzen zu heiraten, Steuern zu erheben und Krieg zu führen. Als Maria im August 1477 mit Maximilian vor den Traualtar trat, fiel die Herrschaft über die Niederlande somit an das Haus Habsburg.

Nach Marias frühem Tod 1482 übernahm Maximilian zunächst selbst die Regentschaft, übergab sie aber nach seiner Wahl zum römisch-deutschen König 1494 seinem Sohn Philipp (1478–1506). Als auch der starb, übernahm Maximilians einzige Tochter Margarete von Österreich (1480–1530) die Statthalterschaft der Niederlande, bevor diese 1515 an Philipps Sohn, den späteren Kaiser Karl V., überging. Weil Karl gleichzeitig König von Spanien war, wurden die Niederlande damit zur Provinz des spanischen Herrschaftsbereichs.

## Wilhelm von Oranien-Nassau – Luise Henriettes charismatischer Großvater

Schon als die Niederlande 1515 an Spanien fielen, hatte sich große Unruhe breit gemacht, die durch die Reformation weiteren Auftrieb erhielt. Während sich zahlreiche Niederländer bald dem neuen protestantischen Glauben zuwandten, blieb Spanien auch weiterhin eine treue Tochter der römisch-katholischen Kirche. So wuchs der niederländische Wunsch, sich vom habsburgischen »Joch« zu befreien.

Dieser Freiheitskampf, der 1568 seinen Anfang nahm, ist untrennbar mit Luise Henriettes Großvater verbunden, dem Statthalter Wilhelm von Oranien-Nassau (1533–1584). In der niederländischen Nationalhymne *Het Wilhelmus (Wilhelmslied)* ist er noch heute präsent.

Dabei war Wilhelm ursprünglich ein deutscher Territorialherr aus dem Hause Nassau-Dillenburg, das seit Beginn des 13. Jahrhunderts bis 1568 auch über Besitz in den Niederlanden verfügte, darunter die »Nassau-Stadt« Breda mit ihren imposanten Gebäuden aus der damaligen Zeit. Als Erbe des Fürsten-

Luise Henriettes Großvater Wilhelm von Oranien stand als Statthalter der Niederlande zunächst im Dienst der spanischen Habsburger. Als die den Druck auf die reformierte Bevölkerung verstärkten, stellte er sich an die Spitze des Widerstands. Durch Wilhelms Übertritt zum reformierten Glauben wurde der Calvinismus zum „Motor“ des langjährigen Freiheitskampfes. – Gemälde von Adriaen Thomasz Key, 1579 (Rijksmuseum Amsterdam).

tums Orange in Südfrankreich war Wilhelm gleichzeitig Prinz von Oranien – und damit der Stammvater des heutigen niederländischen Königshauses Oranien-Nassau.

Der Widerstand gegen die Spanier war dem jungen Mann keineswegs in die Wiege gelegt, im Gegenteil. Aufgewachsen am Hof Kaiser Karls V. wurde auch Wilhelm katholisch erzogen und trat später ganz selbstverständlich in den Dienst der Habsburger. 1553 ernannte der Kaiser den erst 20-Jährigen zum Generalleutnant der in den Niederlanden stationierten Armee. 1559 erhielt Wilhelm den Posten des Statthalters der Provinzen Holland, Seeland, Utrecht und Westfriesland mit Sitz in Breda. Bis dahin verhielt er sich gegenüber den Habsburgern völlig loyal.

1551 hatte Wilhelm die Katholikin Anna von Egmond (1533–1558) geheiratet, einziges Kind des Kapitän-Generals Maximilian von Egmond und nach dessen Tod 1548 Erbin umfangreicher Ländereien. Sie stammte aus einer der ältesten und bekanntesten Familien des Landes, zu der auch der spätere niederländische Freiheitskämpfer Lamoral von Egmond (Vorbild für Goethes »Egmont«) gehörte. Wie Briefe belegen, war die Ehe des Paares ausgesprochen glücklich und Wilhelm trauerte sehr, als Anna nach der Geburt von drei Kindern mit nur 25 Jahren verstarb.

Allmählich aber ging Wilhelm auf Distanz zu den Habsburgern. Er war nicht besonders fromm und in Glaubensfragen eher indifferent, doch für ihn besaß religiöse Toleranz die oberste Priorität. Die aber vermisste er inzwischen schmerzlich. Seit der Abdankung Karls V. 1556 saß dessen Sohn Philipp II. (1527–1598) auf dem spanischen Thron und war fest entschlossen, der weiteren Ausbreitung des Protestantismus reformierter Ausprägung in den Niederlanden Einhalt zu gebieten. Ein Mittel war die berühmt-berüchtigte »Spanische Inquisition«. Aus Angst um Leib und Leben verließen damals zahlreiche »Ketzer« das Land, während andere fest entschlossen waren, für ihren Glauben und ihre Freiheit zu kämpfen.

Wilhelm zögerte noch, verhielt sich abwartend. Doch seine zweite Ehe kann bereits als untrügliches Zeichen gewertet werden, dass er dabei war, die Seiten zu wechseln: 1561 trat er mit der Protestantin Anna von Sachsen (1544–1577) vor den Traualtar, Tochter des 1653 verstorbenen sächsischen Kurfürsten Moritz. Er tat es in der Hoffnung, für den Fall des Kampfes gegen Spanien militärische Unterstützung von den Sachsen zu erhalten. Die aber blieb ihm versagt. Ohnehin stand die Ehe mit Anna unter keinem guten Stern. Es kam schon bald zu erheblichen Spannungen, die das Paar immer weiter voneinander entfernten. Schließlich verließ Anna ihren Mann, der sich inzwischen an die Spitze des Freiheitskampfs gegen Spanien gestellt hatte, und zog mit den drei gemeinsamen Kindern nach Köln. Hier begann sie mit Jan Rubens, dem Vater des später berühmten Malers Peter Paul Rubens, eine Affäre, aus der 1571 vermutlich eine Tochter hervorging. Noch im selben Jahr ließ sich Wilhelm scheiden und heiratete 1575 die Hugenottin Charlotte von Bourbon (1546/47–1582).

Inzwischen war der Freiheitskampf der Niederlande voll entbrannt, wobei gerade der Calvinismus zum politischen Instrument wurde, das die Menschen zusammenschweißte und ihnen eine klare Identität gab. 1573 hatte auch Wilhelm von Oranien den reformierten Glauben angenommen.

## Der Calvinismus – »Motor« des Freiheitskampfes gegen Spanien

Ähnlich wie die Hugenotten in Frankreich bildeten die Calvinisten (oder Reformierten) auch in den Niederlanden zunächst eine Minderheit. Sie orientierten sich an den Ideen des Schweizer Reformators Johannes Calvin (1483–1564). Neben Martin Luther (1483–1546), der 1517 durch den berühmten »Thesenanschlag« an der Wittenberger Schlosskirche der Überlieferung nach für Furore gesorgt hatte, gehörte auch Calvin zu den bedeutenden Reformatoren. Seine Theologie war jedoch weitaus radikaler als die von Luther: Allein Gott war für ihn heilig, menschengemachte Kulte und Rituale galten nichts und verhinderten seiner Ansicht nach nur den Blick auf die einzigartige Heiligkeit Gottes. Entsprechend schmucklos und nüchtern sahen auch die reformierten Kirchen aus. Nicht anders verhielt es sich mit der gesamten Lebensführung, die auf weitgehender Askese basierte. Jeglicher Genuss und Luxus wurden von Calvin strikt abgelehnt, Theateraufführungen und andere Vergnügungen als Götzendienst angesehen, weil sie angeblich den Blick auf Gott versperrten.

Im Gegensatz zu den Lutheranern war das Abendmahl in beiderlei Gestalt, das alle Gläubigen erhielten, für die Calvinisten nur ein symbolischer Akt des Gedenkens, keine Wandlung von Brot und Wein in Leib und Blut Christi. Im Zentrum der Theologie Calvins aber stand die Prädestinationslehre. Sie sagt aus, dass Gott bereits vorherbestimmt habe, welche Menschen auserwählt seien, seine Botschaft zu verstehen und so nach ihrem Tod der ewigen Seligkeit teilhaftig zu werden. Der einzelne Mensch selbst könne nichts für sein Seelenheil tun: gute Werke, gottgefälliges Leben, Stiftungen, Buße, das alles ist nach Calvin sinnlos. (Im Gegensatz dazu ist Luthers Theologie versöhnlicher: Allein durch seinen Glauben an Jesus Christus kann sich der Mensch der göttlichen Gnade sicher sein.) Der Status des Auserwähltseins ist im calvinistischen Verständnis dauerhaft; dieses »Geschenk« kann einem nicht mehr genommen werden.

Die Prädestinationslehre ist ein durchaus problematischer Aspekt in der Lehre Calvins: Da harte Arbeit und Fleiß im Leben eine große Rolle spielen, kann daraus erwachsener Wohlstand leicht als Zeichen des Auserwähltseins interpretiert werden. Menschen, denen Glück und Erfolg beschieden sind, könnten sich so als Auserwählte fühlen. Hingegen könnten Misserfolge und Schicksalsschläge zu der Vorstellung verleiten, von Gott verdammt zu sein. Darunter hat auch Luise Henriette, die ihren Glauben sehr ernst nahm, entsetzlich gelitten. Die Angst, zu den Verdammten zu gehören, legte sich wie ein dunkler Schatten über ihr ganzes Leben.

Trotzdem folgten immer mehr Niederländer dem Beispiel ihres Statthalters Wilhelm von Oranien, traten zum Calvinismus über und machten ihn zum »Motor« des Widerstands gegen das katholische Spanien. Mit Erfolg: Im Januar 1679 gelang es Wilhelm von Oranien, die sieben nördlichen Provinzen (Holland, Seeland, Utrecht, Westfriesland, Brabant, Flandern und Mecheln) zur Utrechter Union zusammenzuschließen. Dies gilt als Gründung der Republik der Vereinigten Niederlande. Nur zwei Jahre später sagten sie sich feierlich von Spanien los.

Nach dem frühen Tod seiner dritten Gemahlin Charlotte von Bourbon ging Wilhelm 1583 eine vierte und letzte Ehe ein. Er heiratete Luise von Coligny (1555–1620), Tochter des französischen Hugenottenführers Gaspard Coligny, der in der »Bartholomäusnacht« 1572 ermordet worden war. Ein Jahr später kam das einzige Kind zur Welt, Sohn Friedrich Heinrich – Luise Henriettes Vater. Doch das Familienglück währte nur kurz, denn 1584 fiel Wilhelm dem Mordanschlag eines habsburgischen Parteigängers zum Opfer.

## Das »Goldene Zeitalter« der Niederlande

Mit der Gründung der Vereinigten Republik der Niederlande war der Freiheitskampf allerdings noch nicht zu Ende. Wilhelms ältester Sohn Moritz (1567–1625) aus der Ehe mit Anna von Sachsen setzte den Kampf um die Unabhängigkeit nicht minder entschlossen fort, bis es ihm 1598 endlich gelang, die letzten spanischen Truppen von ihren Stützpunkten im Norden der Niederlande zu vertreiben. Damit blieben nur noch die südlichen Provinzen, etwa das heutige Belgien, im spanischen Herrschaftsbereich. Doch nach wie vor war der Sieg brüchig.

Erst 1609 konnte ein Waffenstillstand mit Spanien unterzeichnet werden, aber die formale Unabhängigkeit erhielten die Vereinigten Provinzen erst mit dem Westfälischen Frieden 1648.

Dennoch begann mit der Unterzeichnung des Waffenstillstands für die Niederländer ein »Goldenes Zeitalter«, das vor allem auf dem Seehandel beruhte. Nachdem 1595 die erste niederländische Flotte auf Java eingetroffen war, hatten sich die niederländischen Handelsgesellschaften 1602 zur Vereinigten Ostindien Companie (VOC) zusammengeschlossen. Künftig diente die Insel als Hauptumschlagplatz der Niederlande für die begehrten Importe aus Ostasien, darunter das geschätzte chinesische Porzellan.

Von Sumatra aus brachte die VOC den Gewürzhandel unter ihre Kontrolle, und exklusive Lieferverträge mit lokalen Herrschern sicherten den Niederländern das Monopol für teure Gewürze wie Nelken und Muskat. 1621 erfolgte die Gründung der Westindischen Companie (WIC).

Fischfang und Seehandel machten die Niederlande reich und katapultierten die Kaufleute zur führenden Schicht des Landes. Sie hatten also allen Grund zu der Annahme, sich von Gott »auserwählt« zu fühlen. Doch auch wenn der Calvinismus inzwischen zur beherrschenden Konfession geworden war, erfreuten sich die Niederlande einer ungewöhnlichen religiösen Toleranz und intellektuellen Liberalität, wie sie sonst nirgendwo in Europa zu finden war. Die in den Vereinigten Provinzen herrschende Religionsfreiheit zog auch zahlreiche Juden in Städte wie Den Haag, Rotterdam oder besonders Amsterdam. Unter ihnen befanden sich einige der reichsten Kaufleute der blühenden Handelsstadt, denn sie beherrschten einen wesentlichen Teil des niederländischen Handels mit der Iberischen Halbinsel sowie mit West- und Ostindien.

Vor dem Hintergrund der wirtschaftlichen Blüte entwickelte sich auch ein reiches kulturelles jüdisches Leben mit zahlreichen Rabbinern, Gelehrten, Dichtern und Philosophen. Angezogen von dieser aufgeschlossenen Atmosphäre ließen sich etliche religiöse und politische Flüchtlinge in den Vereinigten Provinzen nieder. So verbrachte der französische Philosoph René Descartes (1596–1650) insgesamt 20 Jahre in den Niederlanden, bevor es ihn 1649 kurz vor seinem Tod noch an den Hof der schwedischen Königin Christine zog, die von Zeitgenossen als »Pallas des Nordens« gerühmt wurde. Descartes, der in enger Verbindung zur Luise Henriettes Familie stand, rühmte seine langjährige Wahlheimat in den höchsten Tönen: »Es gibt kein anderes Land, in dem die Freiheit vollkommener, die Sicherheit größer, das Verbrechen seltener, die Einfachheit alter Bräuche vollendeter wäre als dieses hier.«

Ähnlich empfand ein anderer Franzose, Hippolyte Taine, der die Niederlande um 1600 beschrieb: »Es gibt heute keine Gegend der Welt, die sich so großer Freiheit erfreut wie Holland ... Jedermann kann das Land verlassen, wann es ihm gefällt und kann so viel Geld mitnehmen, wie er will. Die Straßen sind bei Tag und Nacht sicher, selbst für einen Menschen, der allein reist. Einem Meister ist es nicht gestattet, einen Bedienten gegen dessen Willen festzuhalten. Niemand wird wegen seiner Religion gequält. Jeder kann sagen, was er will, selbst über die Magistraten.«

In den Niederlanden gab es auch die erste freie Presse. Die wöchentlich erscheinenden Zeitungen Leidener »Nachrichten« und die Amsterdamer »Gazette« wurden in ganz Westeuropa gelesen. Während die Presse anderswo von den Regierungen kontrolliert und zensiert wurde, waren die niederländischen Blätter wegen ihrer offenen Sprache ausgesprochen beliebt.

Aber das »Goldene Zeitalter« der Niederlande war nicht nur durch Reichtum, Intellektualität und Toleranz geprägt, sondern bezog seine Strahlkraft von dem Vorsprung auf allen möglichen Gebieten, angefangen vom Schiffbau über die Landwirtschaft, Gartenkunst, Malerei, Geistes- und Naturwissenschaften.

Auf einem Sektor aber brachten es die Niederländer zur wahren Meisterschaft: der Hydraulik. Im 17. Jahrhundert waren niederländische Ingenieure die besten auf der ganzen Welt. Dass die »niederen Lande« zu großen Teilen unterhalb des Meeresspiegels lagen, wurde ja bereits erwähnt. Jahrhundertelang hatte man daher Deiche gebaut, um sich vor drohender Überflutung zu schützen. Seit dem 15. Jahrhundert versuchte man zudem, dem durch Bevölkerungswachstum bedingten Landmangel mit einem Entwässerungssystem entgegenzuwirken, um dem Meer weiteren Lebensraum abzutrotzen. Nicht umsonst sind Windmühlen bis heute das Symbol der Niederlande: Mit ihrer Hilfe konnten nämlich pro Jahr etwa 18000 Hektar trockengelegt werden. Diese sogenannten Polder ergaben wertvolle Weide- und Ackerflächen.

Wirklich erstaunlich, diese Niederlande! Luise Henriette hatte allen Grund, stolz auf ihre Heimat zu sein.

## Freiheit – Kein Privileg der Männer

Auffallend für den fremden Besucher war auch, dass den niederländischen Frauen außergewöhnlich viele Freiheiten zugestanden wurden: »Sie können allein ausgehen, um Besuche oder sogar Reisen zu machen, ohne dass ihnen Übles nachgesagt wird.« Manches wirkt auf uns geradezu modern, wie das Verhalten in der Öffentlichkeit. Das konnte man zum Beispiel beim gemeinsamen Kirchgang beobachten: Während im benachbarten Heiligen Römischen Reich die Männer als Gruppe vorangingen, gefolgt von Frauen und Kindern, war es in den Niederlanden genau umgekehrt. Hier waren es die Männer, die sich um die Kinder kümmerten, während die Frauen ungestört miteinander plaudern und Neuigkeiten austauschen konnten. Und nicht nur das. Selbst Töchter aus gutem Hause gingen »mit und ohne Erlaubnis bei Nacht mit jungen Männern auf der Straße spazieren« – und fanden nichts dabei, sich auch noch vor aller Augen zu küssen. Von den Friesinnen wurde erzählt, dass sie sich am späten Abend gerne zum Schlittschuhlaufen trafen und die Nacht nicht selten in einem Wirtshaus ausklingen ließen. Das wäre anderswo unvorstellbar gewesen.

Ähnliche Freiheiten genossen auch die Kinder, die von ihren Eltern meist mit großem Verständnis und Zärtlichkeit behandelt wurden. So war es unter anderem verpönt, den Nachwuchs zu schlagen, was in den Nachbarländern durchaus üblich war. Auch die niederländischen Erziehungsratgeber waren ihrer Zeit weit voraus. In einer 1684 erschienenen Abhandlung, herausgegeben von Stephanus Blankaart (1650–1704), werden Eltern aufgefordert, ihre Säuglinge nicht lange schreien zu lassen. Auch sollte man den Kleinen ruhig Zeit lassen, bis sie von alleine »sauber« wurden. Selbst Bettnässen sei kein Grund zur Sorge, das komme häufiger vor. Wenn ein Kind mit sechs oder sieben Jahren plötzlich wieder anfange, in die Hose zu mache, dann liege es wahrscheinlich daran, dass es zum Beispiel Angst vor seinem Lehrer habe.

Ein anderer vielgelesener Autor, der Arzt Jan van Beverwijk (1594–1687), empfahl in seinem Werk »Schatz der Gesundheit«, Kinder nicht zu streng zu erziehen, denn sie müssten ihr kindliches Wesen ausleben dürfen: »Lasst sie uneingeschränkt spielen und lasst in der Schule das Spiel zu ihrer Entwicklung fortsetzen, sonst werden sie gegen das Lernen sein, noch bevor sie wissen, was lernen überhaupt ist.«

In solchen Ideen also liegen die Wurzeln für Luise Henriettes spätere Beziehung zu ihren eigenen Kindern, die von viel Sanftmut und Einfühlungsvermögen geprägt war, selbst wenn es natürlich auch höfische Zwänge gab. Während viele andere Fürstinnen zu ihren Kindern ein eher distanziertes Verhältnis pflegten und den Nachwuchs geschultem Personal überließen, kümmerte sich die Kurfürstin, wann immer es ging, selbst um ihre Söhne.

Luise Henriettes eigene Mutter stammte allerdings nicht aus den Niederlanden. Amalie zu Solms-Braunfels war seinerzeit als Geflüchtete nach Den Haag gekommen.

## Amalie zu Solms-Braunfels – Von der Geflüchteten zur Gattin des Statthalters

Zu den zahlreichen politischen Flüchtlingen, die damals in den Niederlanden Aufnahme fanden, gehörte auch der glücklose »Winterkönig« Friedrich V. von der Pfalz (1596–1632). Sein unseliges »böhmisches Abenteuer« war zum eigentlichen Auslöser des Dreißigjährigen Krieges geworden.

Der damalige Anführer der europäischen Calvinisten hatte sich als junger pfälzischer Kurfürst 1613 mit der englischen Prinzessin Elisabeth Stuart (1596–1662) vermählt, der Tochter König Jakobs I. Wichtigster Zweck der Ehe war es, die europäischen Protestanten politisch, aber auch militärisch zu stärken. Obwohl auch diese Ehe also nicht aus Liebe geschlossen wurde, war sie lange Zeit ausgesprochen glücklich. Schon bald kamen im Heidelberger Schloss die ersten Kinder zur Welt, schließlich insgesamt dreizehn Jungen und Mädchen.

Doch schon bald beging Friedrich V. vermutlich aus falschem Ehrgeiz einen schwerwiegenden Fehler. 1619 konnten ihn seine Berater überreden, sich zum König von Böhmen wählen zu lassen. Das war eine äußerst riskante Angelegenheit, weil er sich als Calvinist automatisch mit dem Kaiser anlegen musste, einem treuen Sohn der katholischen Kirche. Doch für diesen Fall erhoffte sich Friedrich etwas blauäugig militärische Unterstützung durch seinen englischen Schwiegervater. Als er im Sommer 1619 seine Prager Residenz, den Hratschin, bezog, klangen ihm sicherlich noch warnende Stimmen im Ohr, die befürchteten, Friedrich werde nur einen Winter lang König sein. Er hatte sie leichtfertig in den Wind geschlagen. Doch nun kam es, wie es kommen musste: Im Herbst 1620 marschierten kaiserliche und bayerische Truppen in Böhmen ein und besiegten das böhmische Heer in der Schlacht am Weißen Berg. Friedrich blieb keine andere Wahl, als Prag mit seiner Familie fluchtartig zu verlassen. Anderenfalls hätten alle Leib und Leben riskiert. Doch wohin? Zunächst einmal sah es so aus, als wolle niemand die Flüchtlinge aufnehmen, weil man es sich nicht mit dem Kaiser verderben wollte. Kurzfristig gewährte ihnen Kurfürst Georg Wilhelm von Brandenburg einen Aufenthalt in Küstrin. Immerhin war er mit Elisabeth Charlotte von der Pfalz verheiratet, einer Schwester des »Winterkönigs«, wie nun allenthalben gespottet wurde. Doch hier war die Flucht noch nicht zu Ende.

Die mehrmonatige Odyssee endete erst im Frühjahr 1621 in Den Haag, Heimatstadt der Mutter Friedrichs V., Luise Juliane von Oranien-Nassau (1576–1644). Sie war die älteste Tochter Wilhelms von Oranien aus seiner dritten Ehe mit Charlotte von Bourbon. Verwandtschaft also. Im Haag fand nicht nur die Familie des »Winterkönigs« ein sicheres Asyl, sondern auch deren Dienstpersonal. Dazu gehörte Amalie zu Solms-Braunfels, die Hofdame der ehemaligen Königin Elisabeth.

Die 1602 geborene Amalie war eine Tochter des hessischen Grafen Johann Albrecht zu Solms-Braunfels und seiner Gemahlin Agnes zu Sayn-Wittgenstein. Als 17-Jährige kam sie an den Heidelberger Hof, wo sie in die Dienste der Kurfürstin Elisabeth trat und der Familie noch im selben Jahr nach Prag folgte, das sie schließlich gemeinsam mit ihr verlassen musste. So wurde Den Haag auch Amalies neue Heimat.

Der Kontakt zwischen den Flüchtlingen und ihren Gastgebern war schon allein aus verwandtschaftlichen Gründen eng und herzlich. So lernte Amalie bei den gemeinsamen Zusammenkünften auch den Prinzen Friedrich Heinrich kennen, mit dem sie sich ausgesprochen gut verstand. Bis dahin hatte der 37-Jährige ein Leben als Junggeselle geführt, doch von der jungen Amalie fühlte er sich offenbar gleich angezogen.

Als er nach dem Tod seines kinderlosen älteren Halbbruders Moritz 1625 neuer Statthalter der Vereinigten Provinzen geworden war, trat er nur wenig später mit Amalie vor den Traualtar. Er hätte kaum eine bessere Wahl treffen können. Seine

Amalie zu Solms-Braunfels, Luise Henriettes Mutter, war 1621 als Hofdame der geflüchteten Familie des „Winterkönigs" an den Hof nach Den Haag gekommen. Hier heiratete sie 1625 den Statthalter Friedrich Heinrich von Oranien, Wilhelms jüngsten Sohn. Amalie fand rasch in ihre neue Rolle hinein und war ihrem Ehemann bis zu dessen Tod eine große Stütze. – Gemälde von Gerrit van Honthorst, 1650 (Rijksmuseum Amsterdam).

Braut war nicht nur gebildet, sondern besaß auch ein feines politisches Gespür, intelligent und ehrgeizig wie sie nun einmal war. Schon bald wurde sie ihrem Gemahl zu einer adäquaten Partnerin – gewissermaßen die Blaupause für die spätere Ehe ihrer ältesten Tochter Luise Henriette.

Insgesamt gingen aus der Verbindung neun Kinder hervor, von denen fünf das Erwachsenenalter erreichten: außer dem Sohn Wilhelm Luise Henriette und ihre drei Schwestern. Neben der Erziehung der Töchter beschäftigte sich Amalie intensiv mit den aktuellen politischen Fragen und galt am Hof schon bald als so etwas wie eine »graue Eminenz«. Es wurde üblich, bei allen möglichen Angelegenheit zunächst die Gemahlin des Statthalters zu konsultieren, die anschließend alles mit Friedrich Heinrich besprach.

Auch wenn die Niederlande damals ihr »Goldenes Zeitalter« erlebten, so war die Welt außerhalb aus den Fugen geraten. Das »böhmische Abenteuer« Friedrichs V. war zum Auslöser des Dreißigjährigen Krieges geworden, denn der Kaiser wollte nicht auf halbem Wege stehenbleiben, sondern den Protestanten im ganzen Reich den Kampf ansagen. Letztlich wurde halb Europa in den Krieg hineingezogen. Friedrich Heinrich hielt sich zwar aus den Kämpfen heraus, doch er zog die diplomatischen Strippen im Hintergrund und unterstützte später die Feldzüge des Schwedenkönigs Gustav Adolf (1594–1632) auch finanziell.

Amalie war in all seine Pläne eingeweiht. Doch nicht nur als »graue Eminenz« spielte sie ein wichtige Rolle. Ihr ist es zu verdanken, dass sich die Residenz in Den Haag schon bald zu einer der prächtigsten in ganz Europa entwickelte. Beim Binnenhof handelte es sich ursprünglich um ein altes Jagdschloss aus dem 13. Jahrhundert. Modernisiert und umgebaut wurde es 1593 zum Sitz des Statthalters und ist bis heute das politische Zentrum der Niederlande.

Amalie, wenngleich »nur« die Tochter eines Grafen, wusste um die Notwendigkeit fürstlicher Repräsentation, wollte man

Der Binnenhof, ein Gebäudekomplex im Zentrum von Den Haag, ist seit mehr als 400 Jahren Sitz der niederländischen Regierung. Seine Anfänge gehen auf das 12. oder 13. Jahrhundert zurück.

in- und ausländischen Besuchern imponieren und anschaulich die eigene Machtstellung demonstrieren. Das hatte sie am Heidelberger Hof gelernt, den Kurfürstin Elisabeth, unterstützt von Friedrich V., kunstvoll hatte ausstatten lassen. So gelang es Amalie nun in Den Haag – natürlich in bestem Einvernehmen mit ihrem Gemahl –, aus dem vormals eher schlichten Statthaltersitz einen repräsentativen Hof zu machen, der eines Königs würdig gewesen wäre. Die Wände schmückten kostbare Damasttapeten und edle Gobelins, daneben zahlreiche Porträts der Oranier-Familie, denn eine lange Ahnenreihe war für fürstliche Repräsentation unerlässlich. Hinzu kamen weitere Gemälde. Dabei orientierte sich Amalie an der französischen Hofkunst, die damals auch von niederländischen Malern geprägt war. So schuf Peter Paul Rubens zwischen 1621 und 1625 für Königin-Witwe Maria (1575–1642) den aus 24 Monumentalgemälden bestehenden Medici-Zyklus, der die westliche Galerie ihres Pariser Witwensitzes Palais zu Luxembourg zierte. (Heute befinden sich die Bilder im Louvre.)

So sah der Binnenhof vermutlich aus, als Luise Henriette hier 1627 zur Welt kam und ihre Jugendzeit verbrachte. Ihrer Mutter Amalie ist es zu verdanken, dass sich der Binnenhof vom schlichten Statthaltersitz in eine repräsentative Residenz verwandelte. – Gemälde von Gerrit Adriaensz Berckheyde, 1687 (Privatsammlung).

Neben prachtvollen Gemälden galt Amalies Vorliebe dem chinesischen Porzellan, das von den niederländischen Handelsgesellschaften importiert wurde und damals an allen europäischen Höfen in Mode kam. 1634 ließ sie im Binnenhof eine eigene Galerie einrichten, in der die kostbaren Gefäße ausgestellt wurden.

Mit gleichsam königlichem Glanz umgeben erwarb sich der Binnenhof schon bald den klangvollen Namen eines europäischen Kunst- und Kulturzentrums.

## Besuch aus Brandenburg

In diesem prachtvollen Ambiente verbrachte Luise Henriette also ihre Kindheit und Jugendzeit. Vielleicht war ihr gar nicht so recht bewusst, dass dies eigentlich dem streng calvinistischen Glauben widersprach, von dem der ganze Hof durchdrungen war. Schließlich war sie dazu erzogen worden, Äußerlichkeiten eher gering zu schätzen und Gott mit Demut und Bescheidenheit zu begegnen. Vermutlich aber wird Mutter Amalie ihren Kindern erklärt haben, dass an Fürstenhöfen – auch am Hof des Statthalters – andere Regeln galten als in niederländischen Bürgerhäusern, denen man den soliden Wohlstand erst auf den zweiten Blick ansah.

Gemäß der Devise »Gott hilft den Tüchtigen« wird sich auch Friedrich Heinrich der Prädestinationslehre entsprechend als »Auserwählter« gefühlt haben. Auf jedem Fall gelang es ihm, die Vereinigten Provinzen der Niederlande zu einem Musterland zu machen, vorbildlich in Wirtschaftswesen sowie neuzeitlicher Finanz- und Steuerpolitik. Kein Wunder also, dass Europas Fürsten voller Bewunderung auf das kleine Land an der Nordsee blickten. Der gesamte europäische Adel gab sich in Den Haag gern ein Stelldichein.

Im Jahr 1637 zählte zu den fürstlichen Gästen auch ein 17-jähriger Jüngling: Kurprinz Friedrich Wilhelm von Brandenburg. Seine Eltern, Kurfürst Georg Wilhelm (1595–1640) und die bereits erwähnte Pfälzerin Elisabeth Charlotte (1597–1660), Schwester des »Winterkönigs«, hatten ihren einzigen Sohn auch aus Sicherheitsgründen zu den niederländischen Verwandten geschickt, denn Brandenburg litt ganz erheblich unter den Auswirkungen des Dreißigjährigen Krieges. Wie ihr Bruder Friedrich V. war schließlich auch Elisabeth Charlotte ein Kind der Oranierprinzessin Luise Juliane und damit eine Enkelin Wilhelms von Oranien.

Elisabeth Charlotte wird in den Geschichtsbüchern meist nur am Rande erwähnt. Dabei war sie es, die ihrem Sohn Friedrich

Wilhelm ihre Wertvorstellungen und das nötige Rüstzeug für seine spätere Aufgabe vermittelte. Der eher schwache Vater Georg Wilhelm spielte in der Erziehung seines Nachfolgers keine entscheidende Rolle, im Gegenteil. Er tat nichts, um den Sohn auf die spätere Regentschaft vorzubereiten.

Als man seinerzeit in Berlin nach einer passenden Ehefrau für den Kurprinzen Georg Wilhelm suchte, galt die Pfälzer Prinzessin sofort als Favoritin, denn sie erfüllte alle notwendigen Kriterien. Elisabeth Charlotte hatte nicht nur eine gute Erziehung genossen, sie bekannte sich auch zum reformierten Glauben. Die Verwandtschaft zum englischen Königshaus – Elisabeth, die Tochter Jakobs I., war ihre Schwägerin – dürfte ebenfalls eine Rolle gespielt haben.

So wurde Juli 1616 im Heidelberger Schloss die Hochzeit gefeiert. Nur ein Jahr später kam in Berlin das erste von vier Kindern zur Welt, Tochter Luise Charlotte (1617–1676). 1620, also im selben Jahr, in dem Georg Wilhelm Kurfürst von Brandenburg wurde, konnte man endlich auch den ersehnten Thronfolger Friedrich Wilhelm begrüßen.

Als der inzwischen 17-jährige Kurprinz aus dem kriegszerstörten Brandenburg in die Niederlande kam, zeigte er sich zutiefst beeindruckt vom blühenden wirtschaftlichen und geistigen Leben, das er so nie kennengelernt hatte. Friedrich Heinrich, sein Großonkel, erwies sich in den nächsten Monaten als hervorragender Lehrmeister auf verschiedenen Gebieten wie Verwaltung, Fiskalpolitik oder Kriegshandwerk – Bereiche, die ihm sein eigener Vater nie vermittelt hatte.

Die kleine Luise Henriette dürfte den jungen Kurprinzen hingegen kaum interessiert haben. Viel lieber traf er sich mit seinen Pfälzer Cousinen, den ältesten Töchtern des inzwischen verstorbenen »Winterkönigs«. Mit Elisabeth (1618–1680) und ihrer jüngeren Schwester Luise Hollandine (1623–1709) konnte er äußerst anregende Gespräche führen. Damals entstand eine enge Freundschaft.

Zu seinem großen Bedauern musste Friedrich Wilhelm die Niederlande 1638 wieder verlassen und nach Brandenburg zurückkehren. Er hatte in dieser Zeit viel gelernt und bewunderte seinen Großonkel Friedrich Heinrich über alle Maßen. Dass er eines Tages jedoch dessen älteste Tochter heiraten würde, wird ihm nicht in den Sinn gekommen sein.

## Brandenburg – Die Heimat des jungen Kurfürsten Friedrich Wilhelm

Kurfürst Georg Wilhelm erwies sich als denkbar schlechter Herrscher in Krisenzeiten. Vergeblich hatte seine Gemahlin Elisabeth Charlotte versucht, ihn von einem konsequent protestantischen Kurs zu überzeugen. Stattdessen betrieb er eine religionspolitische Schaukelpolitik, mal mit dem Kaiser, mal gegen ihn. Trotzdem – oder gerade deswegen – konnte er nicht verhindern, dass Brandenburg im Dreißigjährigen Krieg verwüstet wurde, sowohl von den kaiserlichen Truppen als auch von den protestantischen Schweden. Seine Familie lebte daher in ständiger Angst, musste Berlin verlassen und sich in Küstrin bzw. Königsberg in Sicherheit bringen.

Georg Wilhelm starb nach langem Siechtum am 1. Dezember 1640. Nun wurde der erst 20-jährige Friedrich Wilhelm neuer Kurfürst von Brandenburg. Er stand vor der schwierigen Aufgabe, sein kriegszerstörtes Land wieder aufzubauen und den verzweifelten Menschen den Glauben an eine sichere und friedliche Zukunft zurückzugeben. Obwohl ihn der eigene Vater stets von der Politik ferngehalten hatte, fühlte er sich seinen künftigen Aufgaben durchaus gewachsen. Sein Vorbild war und blieb Großonkel Friedrich Heinrich, der ihm gezeigt hatte, wie sich die Politik zum Wohle der Bevölkerung gestalten ließ. Diesen Weg wollte der junge Kurfürst nun auch in Brandenburg beschreiten. Allerdings war sein Kurfürstentum nicht mit den Niederlanden vergleichbar. Spötter nannten es

»des Heiligen Römischen Reiches Streusandbüchse« – ein armes, dünn besiedeltes Land ohne Bodenschätze. Selbst für die Landwirtschaft war der karge Boden wenig ertragreich.

Aber Friedrich Wilhelm fühlte sich seinem Land verbunden. Seitdem der Nürnberger Burggraf Friedrich von Hohenzollern (1371–1440) im Jahr 1415 von König Sigismund die kurfürstlichen Rechte erhalten hatte, regierte das Haus Hohenzollern über Brandenburg. Dabei waren die Hohenzollern ursprünglich ein schwäbisches Geschlecht, dessen Besitzungen zwischen dem oberen Neckar und der oberen Donau lagen. Um 1192 war Graf Friedrich III. von Zollern mit dem Nürnberger Burggrafenamt betraut worden. Seit 1214 teilte sich das Haus daher in eine schwäbische und eine fränkische Linie. Letzterer gelang es noch im 13. Jahrhundert, ihren Besitz in Ober- und Mittelfranken zu erweitern, sodass Friedrich VI. bereits der größte fränkische Territorialherr war, als er 1415 vom Kaiser mit der Mark Brandenburg belehnt worden war. Doch die Kurfürsten fristeten ein Leben fern der großen Ereignisse der Geschichte.

Im Laufe der Zeit kamen zum Kernland noch weitere Besitzungen. 1614 erhielten die Hohenzollern durch Erbschaft das Herzogtum Kleve am Niederrhein sowie die ostwestfälischen Grafschaften Mark und Ravensberg. Vier Jahre danach, 1618, kam auch das Herzogtum Preußen, das spätere Ostpreußen, als vorerst polnisches Lehen hinzu. Von der Rolle Preußens in der Geschichte Brandenburgs wird später noch ausführlich die Rede sein.

## Der schwierige Neubeginn

Doch genau in diesem Jahr 1618 begann der Dreißigjährige Krieg, in dem Brandenburg derart verwüstet wurde, dass mancher kaum noch eine Zukunft sah. Nachdem die Schweden weite Landstriche zerstört hatten, waren ganze Dörfer und

Städte entvölkert, Handel und Gewerbe lagen danieder. Die Residenzstadt Berlin glich einem einzigen Trümmerhaufen. Brandenburg hatte fast ein Drittel seiner Einwohner verloren. Es gab keine funktionierende Landwirtschaft mehr, viele Höfe waren verwüstet, die Bauern ermordet, marodierende Banden durchstreiften das geschundene Land. Die Menschen hungerten, Hoffnungslosigkeit und Fatalismus machten sich breit.

In den letzten Lebensjahren Georg Wilhelms hatte sich die Situation zwar ein wenig beruhigt, dennoch lastete die Bürde des Wiederaufbaus schwer auf den Schultern des jungen Kurfürsten Friedrich Wilhelm. Doch ihm waren die Hände gebunden. Noch war der Dreißigjährige Krieg schließlich nicht vorbei. Während die Besitzungen im Westen nach wie vor als Operationsbasis der kaiserlichen Truppen dienten, hielten die Schweden noch immer weite Teile der Mark Brandenburg besetzt. Selbst wenn es nicht zu Kampfhandlungen kam, so litten die Menschen doch ganz entsetzlich. Die Soldaten, die einquartiert und verpflegt werden mussten, nahmen sich einfach, was sie brauchten. Friedrich Wilhelm sah deswegen nur einen Ausweg: Er musste sich irgendwie mit den Schweden arrangieren, auch wenn er damit den Kaiser und andere deutsche Fürsten verprellte, die sich mit dem nordischen Land nach wie vor im Krieg befanden. Doch das wollte er gern in Kauf nehmen, um seinen Brandenburgern ein wenig Luft zu verschaffen. Nach längerem Hin und Her kam am 14. Juli 1641 tatsächlich ein Waffenstillstand zustande.

Ein erster Schritt war getan, Friedrich Wilhelm hatte das Heft in die Hand genommen und trat allmählich selbstbewusster auf. Das zeigte sich jetzt in aller Deutlichkeit auch hinsichtlich seines Verhältnisses zu Preußen, denn seit dem Tod seines Vaters war er ebenfalls Herzog von Ostpreußen, jenes Teils des ehemaligen Deutschordenslandes, das im Zuge der Reformation 1525 säkularisiert wurde und 1618 als polnisches Lehen an Brandenburg fiel. Werfen wir daher einen kurzen Blick auf die Geschichte des Landes, dessen Name schon bald den der Mark

Kurprinz Friedrich Wilhelm kam als Siebzehnjähriger zur Ausbildung in die Niederlande, um sich auf seine späteren Aufgaben als Herrscher von Brandenburg-Preußen vorzubereiten. Großonkel Friedrich Heinrich von Oranien wurde zu seinem Vorbild und politischen „Lehrmeister". An der noch kindlichen Prinzessin Luise Henriette hatte Friedrich Wilhelm damals kein Interesse. – Gemälde von Mathias Czwiczek, 1642.

Brandenburg überlagern und sich schließlich für das ganze Herrschaftsgebiet durchsetzen sollte: Preußen.

## Die Ursprünge Preußens

Ähnlich wie Templer oder Johanniter war auch der Deutsche Ritterorden 1198/99 in Palästina als geistlicher, gleichwohl bewaffneter Orden gegründet worden. Kennzeichen der Ordensritter war ein weißer Mantel mit schwarzem Kreuz.

Im Winter 1225 wurde der Deutsche Ritterorden vom polnischen Herzog Konrad von Masowien zur Hilfe gegen die heidnischen Prussen gerufen, einen baltischen Volksstamm, auf den der Name »Preußen« zurückgeht. Eigentlich wollte sich der Deutsche Ritterorden auf kein ausländisches Engagement mehr einlassen, ließ sich schließlich aber doch überreden, nachdem Konrad ihm einen Teil seines Hoheitsgebiets zugesichert hatte. Damit begann die Geschichte des Deutschordensstaates. Nach dem ersten Burgenbau in Nessau bei Thorn 1230 folgten weitere befestigte Niederlassungen. 1252 wurde die Burg Memel gegründet, es folgten Königsberg 1255, die Marienburg 1273 und Danzig im Jahr 1310.

Bereits 1309 hatte der Hochmeister des Ordens seinen Sitz von Venedig nach Marienburg verlegt. Damit begann die Blütezeit des Deutschordensstaates, der auch zahlreiche deutschsprachige Siedler anzog und von Kaiser und Papst unterstützt wurde.

Als erstes Staatswesen überhaupt erhielt der Deutsche Ritterorden zwei ständige Vertreter beim Papst. In seiner Glanzzeit im 14. Jahrhundert entwickelte sich eine nahezu moderne Verwaltung sowie eine ganz Europa umspannende Diplomatie. Der Seehandel, der von Elbing, Königsberg und Danzig ausging, machte den Deutschordensstaat ausgesprochen wohlhabend und trug zu seiner wirtschaftlichen Blüte bei. Die Städte wuchsen und gediehen.

Doch dann folgte der Niedergang, dessen Auslöser vor allem eine veränderte außenpolitische Konstellation war. Als Hedwig von Polen 1386 den Großfürsten Jagiełło von Litauen heiratete, wurden die beiden Staaten miteinander vereint. Jagiełło, der zuvor zum Christentum übergetreten war, wurde zum neuen polnischen König gewählt. Das stachelte seinen Ehrgeiz an. Im Jahr 1410 griff er mit einem Heer von rund 20 000 Mann den Deutschordensstaat an und brachte dessen Aufgebot in der Schlacht bei Tannenberg eine vernichtende Niederlage bei. Der 1411 geschlossene Friede von Thorn ließ zwar die Grenzen unangetastet, war jedoch mit einer enormen Geldzahlung zur Freilassung der Gefangenen verbunden.

Im 15. Jahrhundert, in dem sich auch die gesellschaftlichen Verhältnisse veränderten, ging es mit dem Deutschordensstaat weiter bergab. Stände, Teile des Landadels sowie die Städte verbündeten sich mit Polen. Infolge des daraufhin ausgebrochenen Krieges 1454–1466 verlor der Ordensstaat sein halbes Territorium einschließlich der Marienburg. Das östliche Preußen wurde polnisches Lehen.

Neuer Sitz des Hochmeisters war jetzt das Königsberger Schloss. Doch künftig musste jeder Hochmeister dem König von Polen den Lehnseid schwören und ihm im Kriegsfall Heeresfolge leisten. Den eigentlichen Todesstoß versetzte dem Deutschordensstaat allerdings die Reformation, die sich rasch auch im Osten ausbreitete. Markgraf Albrecht von Brandenburg-Ansbach (1490–1568) aus der fränkischen Linie der Hohenzollern, der 1510 sein Amt antrat, war daher auch der letzte Hochmeister. Auf Anraten Martin Luthers und im Einvernehmen mit dem König von Polen löste er den Orden 1525 auf, konvertierte zum Protestantismus und machte aus dem Land das weltliche Herzogtum Preußen.

Als neuer Herzog brachte Albrecht Preußen zu einer neuen Blüte. Er führte längst überfällige Reformen durch, erließ eine evangelische Kirchenordnung, förderte Künste und Wissenschaften und gründete 1544 die Universität Königsberg. Auch wirtschaftlich erlebte Preußen einen neuen Aufschwung.

Nach Albrechts Tod 1568 wurde sein Sohn Albrecht Friedrich neuer Herzog in Preußen. Als der 1618 starb, ohne einen männlichen Erben zu hinterlassen, fiel das Herzogtum an die brandenburgische Linie des Hauses Hohenzollern, blieb jedoch weiterhin polnisches Lehen.

Und genau das wollte der junge Kurfürst Friedrich Wilhelm nicht mehr akzeptieren. Er hielt das Lehnsverhältnis für einen Anachronismus, ein verstaubtes Relikt aus dem Mittelalter. Doch Polens König Wladislaw IV. (1595–1648) bestand darauf, dass das Lehnsverhältnis durch genau diese mittelalterliche Zeremonie erneuert wurde. Dazu musste der Kurfürst persönlich in Warschau erscheinen. Friedrich Wilhelm überlegte, ob es eine Möglichkeit gab, sich dem Ganzen zu entziehen. Er empfand die Prozedur nicht nur als veraltet, sondern auch als zutiefst demütigend.

Letztlich aber blieb ihm keine andere Wahl. Im Herbst 1641 musste er wohl oder übel nach Warschau reisen, um vor dem polnischen König zu knien und so das Lehnsverhältnis zu erneuern. Heimlich jedoch nahm er sich schon damals vor, früher oder später die volle Souveränität über Preußen zu erlangen.

Gleichzeitig stand der Erwerb Pommerns auf Friedrich Wilhelms politischer Agenda, denn mit dem an der Odermündung liegenden Stettin wollte er sich den Zugang zur Ostsee sichern. Tatsächlich handelte es sich sogar um sein rechtmäßiges Erbe. Eigentlich hätte das Land bereits nach dem Tod des letzten Herzogs aus dem pommerschen Adelsgeschlecht der Greifen 1637 an Brandenburg fallen sollen, doch es war schon 1630 von den Schweden besetzt worden.

Beides waren höchst ambitionierte Ziele, und Friedrich Wilhelm wusste natürlich genau, dass er sie ohne einen starken Partner an seiner Seite kaum würde erreichen können. Deshalb hoffte er in absehbarer Zeit auf eine vorteilhafte Heirat.

Friedrich Wilhelm hatte auch schon eine Favoritin ins Auge gefasst: Es handelte sich um die sechs Jahre jüngere Christine (1626–1689), seit dem Tod ihres Vaters Gustav Adolf, der 1632 bei Lützen gefallen war, Königin von Schweden. Man war als Cousin und Cousine bereits miteinander verwandt, denn Christines Mutter war Maria Eleonora (1599–1650) von Brandenburg, eine Schwester des Kurfürsten Georg Wilhelm und somit Friedrich Wilhelms Tante. Doch eigentlich ging es nur um handfeste politische Interessen, denn der Kurfürst hoffte, dass ihm durch eine Heirat mit Christine das von den Schweden besetzte Pommern völlig unkompliziert zufallen würde.

Nur leider hatte Schwedens junge Königin nicht die geringste Lust, den Brandenburger Vetter zu heiraten. Zunächst versteckte sie sich noch hinter diplomatischen Floskeln: Ihre unterschiedlichen Glaubensrichtungen – er Calvinist, sie Lutheranerin – würden sich kaum miteinander vereinbaren lassen. Erst im Sommer 1646 ließ sie endgültig klarstellen, dass aus der Heirat definitiv nichts werden würde.

Friedrich Wilhelm bedauerte das zutiefst. Dass er mit der Schwedin eine ausgesprochen »starke«, eigenwillige und selbstbewusste Frau geehelicht hätte, wäre für ihn kein Problem gewesen. Im Gegenteil, er wünschte sich ganz bewusst eine kluge und durchsetzungsfähige Partnerin, wie er sie auch aus seiner eigenen Umgebung kannte. Nicht nur seine Mutter Elisabeth Charlotte, die sich seit dem Tod Georg Wilhelms auf ihren Witwensitz Crossen zurückgezogen hatte, auch Amalie, die Gemahlin seines niederländischen Großonkels Friedrich Heinrich, waren Frauen mit Verstand, politischem Gespür und einer eigenen Meinung. Das störte Friedrich Wilhelm nicht im geringsten.

Es ist überhaupt erstaunlich, wie viele »starke Frauen« dieses Zeitalter hervorbrachte. Nun hat es in der Geschichte schon immer selbstbewusste Damen gegeben, die unbeeindruckt von männlicher Dominanz ihren eigenen Weg gingen. Ein frühes Beispiel ist Agrippina, Neros höchst ambitionierte Mutter, ein anderes Englands Königin Elisabeth I., die sich strikt der Ehe verweigerte und trotzdem – oder gerade deshalb – erfolgreich regierte. Freilich handelt es sich dabei um privilegierte Frauen der Oberschicht. Die bäuerlichen oder bürgerlichen Frauen mussten noch zu Beginn des 16. Jahrhunderts ihrem Mann / Vater / Bruder gehorchen und durften Rechtsgeschäfte nicht selbstständig führen.

Dass Frauen lange Zeit »Menschen zweiter Klasse« waren, begründeten christliche Theologen mit der Bibel: Eva wurde aus Adams Rippe geschaffen, verführte ihn und wurde gemeinsam mit ihm aus dem Paradies vertrieben. So entstand das Dogma der »Erbsünde«. Im Mittelalter galten daher alle Frauen als Nachfahrinnen der »sündigen Eva«. Am besten aufgehoben schienen sie hinter Klostermauern, wo sie ein keusches und gottgefälliges Leben führten. Die Nonne hatte damals einen viel höheren Stellenwert als ihre Geschlechtsgenossin, die verheiratet war und eine Familie versorgte. Die Ehe galt lediglich als Mittel zum Zweck, damit die Menschheit nicht ausstarb.

Im späten Mittelalter, vor allem aber im Zeitalter der Reformation begann sich dieses negative Frauenbild zu wandeln. Martin Luther hatte seine Ehefrau Katharina von Bora zu einer – wenn auch nicht wirklich gleichberechtigten – Gefährtin gemacht, der Haushaltsführung und Kindererziehung oblagen: »Das Weib habe das Regiment im Haus.« Bis dahin wurden Kinder ebenso wie Ehefrauen als »Besitz« des Familienvaters angesehen; nun war ein erster Schritt zur Selbstständigkeit getan, der auch mit einer gewissen Bildung einherging.

Ausschlaggebend für diese Entwicklung war die Tatsache, dass in jedem protestantischen Haushalt die Bibel gelesen und den Kindern daraus vorgelesen werden sollte. Deshalb mussten jetzt auch die Frauen lesen und schreiben können, was bislang ein Privileg der Adligen oder Nonnen gewesen war. Das änderte sich jetzt, und zwar nicht nur bei den Protestanten. Mit der Gegenreformation zogen auch die Katholiken nach. Folge war die Gründung von Kongregationen, die sich der Mädchenbildung verschieben hatten, wie zum Beispiel dem Ursulinenorden. Von nun an war die Gelehrsamkeit nicht mehr nur den Männern vorbehalten.

Hinzu kam, dass im 16. Jahrhundert auch die Erbsünde infrage gestellt wurde, die sich ja im wesentlichen gegen die Frauen richtete. Luther verkündete, dass der gnädige Gott allen Gläubigen die Sünde vergab, weswegen die Frauen nicht länger unwürdiger und »wertloser« als die Männer sein durften. Vor diesem Hintergrund eröffneten sich etlichen Frauen Möglichkeiten, die zuvor noch undenkbar gewesen waren. Zumindest theoretisch. In der Praxis sah das nach wie vor anders aus. So durften Frauen keine Universität besuchen und konnten sich nur im Selbststudium oder mit Privatunterricht fortbilden. Das galt in der Regel aber nur für Mädchen aus adligen oder wohlhabenden bürgerlichen Familien, denen hervorragende Lehrer zur Verfügung standen.

Regen Gebrauch davon machten zum Beispiel die älteren Töchter des »Winterkönigs«, Elisabeth und Luise Hollandine. Beide haben nie geheiratet und stattdessen »Karriere gemacht«, Elisabeth als Äbtissin des protestantischen Damenstifts Herford, Luise Hollandine, die zum Katholizismus konvertierte, als Äbtissin des Klosters Maubuisson bei Paris.

Kurfürst Friedrich Wilhelm wurde von Anfang an von solchen Frauen geprägt, starken Persönlichkeiten, die in Politik und Religion ihre eigene Meinung vertraten und Männern durchaus gerne widersprachen. Sie wurden respektiert, weil sie klug und gebildet waren und als kompetente Ratgeberinnen geschätzt wurden. Eine solche Ehefrau wünschte sich auch Friedrich Wilhelm, doch die Aussicht auf eine Verbindung mit Schwedens Königin Christine hatte sich ja bereits zerschlagen.

## Haager Heiratspläne

Inzwischen war auch Luise Henriette mit ihren etwa 14 Jahren in einem Alter, in dem man sich am Haager Hof Gedanken über eine »gute Partie« für das junge Mädchen machte. In Fürstenhäusern war es üblich, dass sich die Mütter nach passenden Ehepartnern für ihre Kinder umsahen, die sowohl politisch nützlich sein als auch das Prestige der eigenen Familie erhöhen sollten. Da bildeten die Oranier keine Ausnahme. Für ihren Sohn Wilhelm hatte Amalie bereits eine geeignete Gemahlin gefunden. Er heiratete 1641 die erst zehnjährige Maria Henrietta Stuart, Tochter des englischen Königs Karl I. (1600–1649). Gerne hätte es Amalie gesehen, wenn ihre älteste Tochter deren jüngeren Bruder geheiratet hätte, den Prinzen von Wales und nachmaligen Karl II. (1630–1685). Der war zwar ein paar Jahre jünger, aber diese Verbindung hätte Luise Henriette die Möglichkeit eröffnet, später einmal englische Königin zu werden. Zudem hätte das die Allianz mit dem protestantischen England weiter gefestigt.

Das ehrgeizige Projekt wurde allerdings durch die innenpolitische Entwicklung Englands zunichte gemacht. Als der Thronfolger das heiratsfähige Alter erreicht hatte, brach auf der Insel ein Bürgerkrieg aus, der 1649 mit der Hinrichtung Karls I. und der vorübergehenden Abschaffung der Monarchie endete. Stattdessen begründete der Puritaner Oliver Cromwell eine Militärdiktatur und führte das Land mit eiserner Hand durch die kommenden Jahre.

Luise Henriette selbst hatte ohnehin keine Lust, später einmal den drei Jahre jüngeren Prinzen von Wales zu ehelichen. Das junge Mädchen war bereits in einen anderen Mann verliebt, den es am liebsten auch geheiratet hätte: Henri Charles de la Trémoille (1620–1672), der als Offizier im Heer ihres Vaters diente. Es bestand sogar eine weitläufige Verwandtschaft, denn Wilhelm von Oranien war ihr gemeinsamer Großvater bzw. Urgroßvater. Aus dessen dritter Ehe mit Charlotte von Bourbon waren sechs Töchter hervorgegangen, darunter Charlotte Brabantina (1580–1631), die 1598 Claude de la Trémoille heiratete. Henri Charles war nun ihr Enkel.

Trotzdem galt Henri Charles de la Trémoille nicht als wirklich »gute Partie«, zumindest was Prestige und finanziellen Hintergrund betraf. Luise Henriette mochte das vielleicht egal sein, denn sie war ernsthaft in ihn verliebt. Doch zu einer Ehe hätten ihre Eltern wohl kaum die Zustimmung erteilt. Sie wollten verständlicherweise verhindern, dass sich ihre Tochter gewissermaßen »unter Wert« verkaufte, und so suchte Amalie weiterhin nach einem Kandidaten aus einem regierenden Fürstenhaus.

Unterdessen wurden auch in Berlin Heiratspläne geschmiedet. Hier war es Kurfürstin-Witwe Elisabeth Charlotte, die für Friedrich Wilhelm auf Brautschau ging. Zunächst sah sie sich in der Verwandtschaft um. Nur allzu gern hätte sie dem Sohn eine ihrer Pfälzer Nichten schmackhaft gemacht, Elisabeth oder Luise Hollandine, mit denen er sich seinerzeit in Den Haag ausgezeichnet verstanden hatte. Allerdings musste man den Tatsachen ins Auge sehen: Nach dem Sturz des inzwischen verstorbenen »Winterkönigs« und dem Verlust des Kurfürstentums Pfalz waren die beiden jungen Damen leider keine erstklassigen Kandidatinnen, ganz abgesehen von einer kaum zu erwartenden Mitgift. Sophie, die 1630 geborene jüngste Schwester der beiden, sollte das später am eigenen Leib zu spüren bekommen. Fast wäre sie eine »alte Jungfer« geworden, bis sich dann unter seltsamen Umständen doch noch ein Ehemann fand …

Es hat allerdings den Anschein, als seien weder Elisabeth noch Luise Hollandine an einer Heirat interessiert gewesen, mit wem auch immer. Elisabeth Charlotte mochte das bedauern, möglicherweise auch Friedrich Wilhelm selbst. Doch nun musste man sich an einem anderen Hof umschauen.

Und so rückte Luise Henriette in den Fokus des Interesses. Vom Alter her passten beide gut zusammen – sie war 18, er sieben Jahre älter – und eine Verbindung mit den Oraniern hatte zumindest den Vorteil, dass sich zwei protestantische Länder zusammentun und gegenseitig stützen konnten. Friedrich Wilhelm hatte Luise Henriette zwar seit Jahren nicht mehr gesehen, aber inzwischen war aus dem kleinen Mädchen, wie man vernehmen konnte, eine hübsche junge Dame geworden. So heißt es in einem zeitgenössischen Bericht: »Luises Schönheit bedurfte keiner Nachhilfe. Sie war von Natur aus weiß und zart und blonde Haare bedeckten ihren Kopf. Ihr Gesicht war voller Anmut und Schönheit. Ihre Augen waren hell und erhaben; sie blickten herzgewinnend auf ihre Mitmenschen.« Ein weiterer Pluspunkt also. Und nicht zuletzt: Ihre Mitgift dürfte auch nicht gerade bescheiden ausfallen!

Ähnliche Heiratspläne verfolgte man inzwischen auch in Den Haag. Selbst wenn Friedrich Wilhelm »nur« ein Kurfürst war, so entstammte er doch dem alten regierenden Geschlecht der Hohenzollern und gehörte dem »richtigen«, nämlich reformierten Glauben an. Die Oranier hingegen mussten sich trotz aller Pracht und Machtfülle mit dem Amt des Statthalters begnügen, das, wie sich schon bald zeigen würde, keineswegs dauerhaft gesichert war. Und nicht zuletzt: Sowohl Amalie als auch Friedrich Heinrich mochten den Brandenburger ausgesprochen gern. Luise Henriette aber wurde erst gar nicht nach ihrer Meinung gefragt, sie hatte sich den Wünschen ihrer Eltern zu fügen.

Wie immer in solchen Fällen lief zunächst einmal alles über die diplomatischen Kanäle zwischen Berlin und Den Haag. Es war nicht üblich, dass sich Braut und Bräutigam vor der Hochzeit (noch einmal) persönlich sahen oder genauer kennenlernten. Das konnten sie in den »Flitterwochen« nachholen.

Diesmal aber musste alles schnell gehen, denn Statthalter Friedrich Heinrich war zu diesem Zeitpunkt bereits schwer erkrankt und es stand zu befürchten, dass er nicht mehr allzu lange leben würde. An der Hochzeit seiner ältesten Tochter wollte und sollte er aber auch jeden Fall noch teilnehmen. So war die Verbindung schon bald beschlossene Sache.

Von einer glücklichen Braut konnte allerdings keine Rede sein. Es ist anzunehmen, dass Luise Henriette tränenreich Abschied von Henri Charles de la Trémoille nahm, an dem doch ihr ganzes Herz hing. Aber es blieb ihr keine andere Wahl. Als gläubige Calvinistin war sie zur strengen Pflichterfüllung erzogen und es wäre ihr nie in den Sinn gekommen, sich dem Wunsch ihrer Eltern zu verweigern. Und so ergab sie sich in ihr Schicksal: »Es wird Gottes Wille sein, dass vor allem die Pflicht steht.«

Damit trennte sie sich von ihrem Favoriten, der es offenbar vorzog, die Niederlande umgehend zu verlassen. Henri Charles de la Trémoille trat nun in hessische Dienste ein, wo er schon bald ein neues Glück fand. 1648 heiratete er Emilie (1626–1693), die Tochter des Landgrafen von Hessen-Kassel, und bekam mit ihr fünf Kinder.

Schon bald läuteten auch für Luise Henriette die Hochzeitsglocken.

# Brandenburgs neue Kurfürstin

## Hochzeit im Binnenhof

Eine glückliche Braut war Luise Henriette also auf keinen Fall, zumal sie ihrem Henri Charles de la Trémoille noch immer nachtrauerte. Wie mag sie sich gefühlt, was wird sie von ihrem künftigen Gemahl erwartet haben? Auf jeden Fall war sie fest entschlossen, klaglos ihre Pflicht zu erfüllen. Das wurde von jeder Prinzessin erwartet und da bildete auch Luise Henriette keine Ausnahme.

Überlagert wurden die Hochzeitsvorbereitungen von der Sorge um den Brautvater, Statthalter Friedrich Heinrich. Weil sich sein Gesundheitszustand zunehmend verschlechterte, hatte man den Termin der Trauung bereits auf den 23. November 1646 vorgezogen. Es sollte auch keine pompöse Feier geben.

Am Vortag der Hochzeit war Friedrich Wilhelm in Den Haag eingetroffen, wo er Luise Henriette nach acht Jahren wiedersah. Er dürfte angenehm überrascht gewesen sein, aber letztlich zählte für ihn vor allem das politische Bündnis mit den Oraniern, das durch diese Ehe gefestigt wurde. Schon am nächsten Tag fand die vergleichsweise bescheidene Hochzeit statt. In der Kapelle des Binnenhofs gaben sich Braut und Bräutigam das Jawort. An der Kleidung des Paares hatte man nicht gespart. Während Friedrich Wilhelm in weiße, reich verzierte Atlasseide gehüllt war, trug die junge Braut ein Kleid aus Silberbrokat mit langer Schleppe. Eine mit Perlen und Edelsteinen geschmückte Krone zierte ihre modisch gelockte Frisur. Im Anschluss an die Zeremonie gab es nur eine kleine Feier, denn die übliche Aneinanderreihung von Vergnügungen, Bällen und Konzerten hätte Luise Henriettes Vater keineswegs mitmachen können.

In der Kapelle des Binnenhofs von Den Haag heirateten Luise Henriette und Friedrich Wilhelm am 23. November 1646. Doch nur wenig später trennten sich ihre Wege. Während der Kurfürst seinen politischen Pflichten nachkommen musste, blieb Luise Henriette noch mehrere Monate bei ihrem todkranken Vater. – Detail aus einem Gemälde von Jan Mijtens, 1646 (Musée des Beaux-Arts de Rennes).

Es ist leider nicht bekannt, wo das frischgebackene Ehepaar seine »Flitterwochen« verbrachte, die ein erster »Härtetest« für die junge Beziehung gewesen sein dürften. Aber allem Anschein noch haben die beiden diese Bewährungsprobe bestanden, auch wenn abzuwarten blieb, ob sich im Laufe der Zeit tatsächlich so etwas wie Liebe entwickeln würde.

Viel Zeit, um sich näher kennenzulernen, blieb ohnehin nicht. Bereits Anfang 1647 trennten sich ihre Wege wieder, denn Friedrich Wilhelm konnte seine Aufgaben als Kurfürst nicht länger aufschieben. Luise Henriette hingegen wollte gerne bei ihrem todkranken Vater bleiben und Mutter Amalie in dieser schweren Zeit unterstützten. Dafür hatte der junge Kurfürst vollstes Verständnis. Allzu lange würde die Trennung ohnehin nicht dauern.

Mit Friedrich Heinrichs Tod im März 1647 endete eine Ära, die den Niederlanden Erfolg, Wohlstand und internationales Ansehen gebracht hatte. Sein Sohn Wilhelm, der ihm im Amt des Statthalters nachfolgte, trat also in große Fußstapfen. Trotzdem fühlte er sich auf seine neue Aufgabe gut vorbereitet – auch ohne die Ratschläge seiner Mutter. Am liebsten wäre ihm gewesen, wenn sich Amalie auf eines der weiter entfernten Schlösser zurückgezogen hätte. Stattdessen blieb sie aber in Den Haag, auch um weiter Einfluss nehmen zu können. Zudem hatte Friedrich Heinrich den Alten Hof (Palast Noordeinde) zum Witwensitz seiner Gemahlin bestimmt. So kam es, dass Amalie auch weiterhin im Mittelpunkt des höfischen Geschehens stand, sehr zum Verdruss Wilhelms und seiner erst 15-jährigen Gemahlin, der Stuart-Prinzessin Maria Henrietta (1631–1660).

## Kleve – Die erste Etappe im Leben als Kurfürstin

Zu den Beisetzungsfeierlichkeiten, die am 10. Mai in der Nieuwe Kerk von Delft abgehalten wurden, der Grablege der Oranier, reiste auch Friedrich Wilhelm an, um seiner jungen Frau zur Seite zu stehen. Anschließend nahm Luise Henriette Abschied von Mutter und Geschwistern und folgte ihrem Gemahl zunächst nach Kleve, seit 1614 brandenburgischer Besitz am Niederrhein. Hier musste sich Kurfürst Friedrich Wilhelm mit den widerspenstigen Ständen auseinandersetzen, den Vertretern von Adel und Klerus. Sie hatten im Laufe der Zeit immer mehr politische Privilegien erhalten und waren keineswegs bereit, sich dem jungen Kurfürst bedingungslos unterzuordnen.

Eine maßgebliche Rolle in dem Konflikt spielte der jülisch-klevische Erbschaftsstreit, der bereits seit Jahrzehnten andauerte. Ursache war eine äußerst unglückliche testamentarische Regelung: Nach dem Tod Johann Wilhelms, des letzten Herzogs von Jülich-Kleve-Berg, im Jahr 1609 gab es zwei Erben. Der eine war Kurfürst Johann Sigismund von Brandenburg (1572–1620), Friedrich Wilhelms Großvater. Der hatte nämlich Anna geheiratet, die Enkelin des verstorbenen Herzogs von Jülich-Kleve-Berg. Der andere Erbe war Wolfgang Wilhelm von Pfalz-Neuburg (1578–1653), dessen Mutter eine geborene Jülich-Kleve-Berg gewesen war.

Eigentlich sollten die beiden das Land gemeinsam regieren, doch das erwies sich als unmöglich. Nach einer militärischen Auseinandersetzung einigte man sich schließlich im Vertrag von Xanten 1614 darauf, die Verwaltung des Landes territorial zu trennen. Brandenburg sollte – von Kleve aus – Kleve, Mark und Ravensberg verwalten, während die Neuburger Regierung mit Sitz in Düsseldorf die Kontrolle über Jülich-Berg ausüben sollte. Mit dieser Verwaltungseinteilung wurde damals der Grundstein zur endgültigen territorialen Trennung zwischen Brandenburg und Pfalz-Neuburg gelegt. Beendet war der Konflikt jedoch noch lange nicht.

Nachdem der Dreißigjährige Krieg die Streitigkeiten vorübergehend in den Hintergrund gerückt hatte, wollte sich Friedrich Wilhelm nun verstärkt um die westlichen Landesteile kümmern und seine Autorität durchsetzen. Das ging allerdings nur langsam voran, die Stände suchten das zu verhindern. Sie setzten nach wie vor auf die Einheit des alten Herzogtums Jülich-Kleve-Berg, die für sie mit erheblichen Privilegien verbunden gewesen war. Vor allem, wenn es um die Bewilligung finanzieller Mittel ging, leisteten sie starken Widerstand gegen die kurfürstliche Politik. Es war also dringend geboten, die Situation am Niederrhein durch persönliche Kontakte zu entspannen – schließlich war Kleve jetzt neben Berlin und Königsberg die dritte Residenz der Hohenzollern, und es musste Friedrich Wilhelm irgendwie gelingen, die verstreut liegenden Herrschaftsgebiete zu konsolidieren.

Dass er bei seiner Rückkehr im Mai 1647 mit Luise Henriette eine hübsche junge Frau an seiner Seite hatte, konnte durchaus hilfreich sein, zumal ihre niederländische Heimat auch in Kleve große Bewunderung genoss.

## Luise Henriettes Mitgift

Luise Henriette kam mit »großem Gepäck« nach Kleve, denn sie hatte eine ansehnliche Mitgift dabei, die ganz dem Wohlstand der Oranier entsprach. Dazu gehörten zunächst einmal ganz profan sechs Paar Betttücher, zwölf Kissenbezüge, 24 Nachthemden, 36 Servietten sowie zwei Nachttöpfe, die man Luise Henriette für ihr neues Zuhause mitgegeben hatte.

Entscheidend jedoch waren die zahlreichen wertvollen Objekte, Besteck und Schüsseln aus reinem Silber, ein goldenes Kästchen für Zahnstocher, eine goldene Kompottschüssel und dergleichen mehr. Daneben gab es eine lange Liste von Schmuckstücken aus Gold und Juwelen: mit Diamanten und Rubinen besetzte Knöpfe, diamantene Ringe und Ohrgehänge, Schnallen, Perlenketten und Armbänder. So würde ein wenig vom Glanz der Oranier auch auf den Hohenzollernhof fallen.

Die Schmuckstücke, die der fürstlichen Repräsentation dienten, waren insofern von besonderer Bedeutung, als Luise Henriettes Kleidungsstil, wie er der niederländischen Mode entsprach, eher schlicht gehalten war. Es handelte sich nämlich um die Tracht einer wohlhabenden Bürgerfrau. Das war in der Regel ein einfaches schwarzes, tief dekolletiertes Kleid, wobei Hals und Busen von einem breiten Kragen aus feinstem Linnen oder Batist verhüllt wurden. Dass es sich um hochwertiges Material handelte, sah man erst auf den zweiten Blick. Wie in den niederländischen Bürgerhäusern war es auch hinsichtlich der Kleidung nicht üblich, seinen Reichtum offensiv zur Schau zu stellen. Doch für eine Fürstin galten natürlich andere Spielregeln. Da Farbe und Schnitt ihrer Kleidung wenig Abwechslung boten, verlieh der Schmuck dem »Outfit« eine individuelle Note und verriet die vornehme Herkunft.

Nachdem wir die Niederlande bereits als »Musterland« auf allen möglichen Gebieten kennengelernt haben, verwundert es nicht, dass sie im »Goldenen Zeitalter« auch als modischer Trendsetter galten. Das lag allerdings vor allem daran, dass es zwischen 1630 und 1660 keinen anderen europäischen Hof gab, der in Modedingen tonangebend gewesen wäre. In Frankreich trug Königin Anna, die Witwe Ludwigs XIII., schwarze Trauerkleidung, bevor später die Mätressen ihres Sohnes, des »Sonnenkönigs« Ludwig XIV., zu den modischen Vorreiterinnen wurden.

So eroberte einstweilen also die Tracht der wohlhabenden und gebildeten niederländischen Kaufmannsfrau ein weites Terrain und löste die farbenfrohe Kleidung früherer Zeiten zumindest vorübergehend ab.

In Kleve residierten Luise Henriette und Friedrich Wilhelm auf der Schwanenburg, einer mittelalterlichen Burganlage der Herzöge von Kleve, die der Kurfürst später zu einem schmucken Barockschloss ausbauen ließ. Während sich der Aufenthalt am Niederrhein hinzog, ließ Friedrich Wilhelm bereits jetzt das zerstörte und heruntergekommene Berliner Stadtschloss wieder herrichten, sodass er in absehbarer Zeit mit Luise Henriette in einem würdigen Ambiente würde leben können, auch wenn es nicht so ganz der Pracht des Oranierhofs entsprach.

In dieser Hinsicht war auch die verwitwete Amalie wieder tätig geworden. Sie ließ das 1645 im Nordosten von Den Haag errichtete Lustschloss Huis ten Bosch (heute Residenz des niederländischen Königshauses) zu einem prächtigen Gedenkbau für den verstorbenen Friedrich Heinrich umgestalten. Glanzstück ist der Oranjesaal, der ein bemerkenswertes Ensemble von Gemälden, Tafelbildern und Deckenmalereien aus dem »Goldenen Zeitalter« aufweist, eine einzige Hommage an den bedeutenden Statthalter. In puncto Innenausstattung galten die auf Goldgrund geprägten Ledertapeten als »dernier cri«. Bei der Einrichtung orientierte sich Amalie übrigens am Vorbild des Pariser Palais du Luxembourg, das Maria von Medici hatte

Neben dem Berliner Stadtschloss und dem Königsberger Schloss war die Schwanenburg in Kleve die dritte Residenz der Brandenburger Hohenzollern. 1614 war die Stadt – neben Mark und Ravensberg – als Erbschaft an Brandenburg gefallen. – Kupferstich von Hendrik Feltman, um 1650 (Staatliche Museen zu Berlin).

errichten und nicht zuletzt mit Rubens' Monumentalgemälden opulent ausstatten lassen.

## Das kurze Leben des Kurprinzen

In Kleve fanden Luise Henriette und Friedrich Wilhelm endlich die Zeit, sich besser kennenzulernen. Die anfängliche Fremdheit war schon bald gewichen und beide spürten, dass sie im Grunde gut zusammenpassten. Zahlreiche Gespräche hatten gezeigt, dass man gewissermaßen »auf einer Wellenlänge« war, was sowohl persönliche als auch politische Fragen betraf. Wie nicht anders zu erwarten, sah Friedrich Wilhelm in seiner

Gemahlin von Anfang an eine nahezu gleichberechtigte Partnerin, mit der er sich über alle möglichen Themen austauschen konnte. Auch hinsichtlich der Inhalte ihres Glaubens stimmten beide überein.

Luise Henriette, die ihre Ehe zunächst als reine Pflichterfüllung gesehen hatte, begann ihren Gemahl allmählich wertzuschätzen. Wie sie es sich gewünscht hatte, war sie als »Frau an seiner Seite« nicht nur schmückendes Beiwerk, sondern eine durchaus ernstzunehmende Gefährtin. Wie sie es von ihrer Mutter gelernt hatte, begann sich Luise Henriette für politische Zusammenhänge zu interessieren und bemühte sich eifrig, das Knäuel der brandenburg-preußischen Geschichte zu entwirren. Bis zu ihrem Tod wusste es Friedrich Wilhelm zu schätzen, eine kluge und aufmerksame Frau an seiner Seite zu haben, die er nicht nur in schwierigen Situationen stets um Rat fragen konnte.

Doch abgesehen vom politischen Austausch hatte die Kurfürstin noch eine andere – ihre wichtigste – Aufgabe zu erfüllen: die baldige Geburt eines gesunden Thronerben, dem noch möglichst viele weitere Kinder folgen sollten. Luise Henriette war daher überglücklich, als sie im Herbst 1647 merkte, dass sie ein Kind erwartete. Sie wusste, dass nicht nur der Kurfürst, sondern auch die Untertanen sehnlichst auf diese Nachricht warteten.

Am 11. Mai 1648 brachte sie in Kleve einen Sohn zur Welt, der nach beiden Großvätern auf den Namen Wilhelm Heinrich getauft wurde. Das Kind war gesund und entwickelte sich zur vollsten Zufriedenheit seiner Eltern. Ein gutes Omen, dass es auch mit Brandenburg-Preußen weiter und aufwärts gehen würde!

Inzwischen hatte sich auch die Lage in Kleve einigermaßen entspannt, nachdem endlich eine Einigung mit den Ständen ausgehandelt werden konnte. Doch die ließen sich ihr Entgegenkommen hoch bezahlen. Zwar erkannten sie den Kurfürsten als ihren obersten Herrn an, bestanden aber auf weitgehender Selbstständigkeit. So war Friedrich Wilhelm gezwungen, seine

Truppen zum großen Teil abzuziehen und auf Klevischem Gebiet eine Leibgarde von nur 200 Fußsoldaten und 100 Reitern zu stationieren. Zudem wurde vereinbart, dass Beamtenstellen fortan nur noch mit Einheimischen zu besetzen waren. Auf dem Weg zur Vereinheitlichung seines Herrschaftsgebiets war das zwar ein herber Rückschlag, aber mehr konnte er zu diesem Zeitpunkt nicht erreichen.

Einen weiteren politischen Rückschlag brachte der Westfälische Friede von Münster und Osnabrück, der im Herbst 1648 den Dreißigjährigen Krieg beendete. Friedrich Wilhelms Hoffnungen wurden nicht erfüllt. Unter den Gewinnern waren Schweden und Frankreich, während das Deutsche Reich durch die Zersplitterung in zahllose Einzelstaaten spürbar geschwächt wurde. Die größte Enttäuschung für den Kurfürsten war jedoch die Tatsache, dass Brandenburg lediglich Hinterpommern zugesprochen bekam und damit nicht den erhofften Zugang zur Ostsee erhielt. Vorpommern mit Stettin blieb auch weiterhin bei Schweden. (Erst Friedrich Wilhelms gleichnamiger Enkel, der »Soldatenkönig«, konnte sich im Januar 1720 die von Schweden besetzten Teile Pommerns sichern.) Als eher unzureichende Entschädigung erhielt Brandenburg-Preußen die vormals geistlichen Bistümer Halberstadt, Minden und Cammin an der Ostsee. Minden wurde daraufhin zur Garnisonstadt ausgebaut.

Das einzig Gute war, dass sich der Aufenthalt in Kleve allmählich seinem Ende zuneigte. Friedrich Wilhelm hatte einen kompetenten Statthalter gefunden, der ihn während seiner Abwesenheit vertreten würde: Graf Johann Moritz von Nassau-Siegen (1604–1679), ein guter Freund des Kurfürsten, der bislang in niederländischen Diensten gestanden hatte. Friedrich Wilhelm hatte ihn während seines Aufenthalts in den Niederlanden kennengelernt und sofort Vertrauen gefasst. Dass er ihn jetzt zum Statthalter der klevischen Lande machte, bewies einmal mehr, dass der Kurfürst ein ausgezeichneter Menschenkenner war und bei personalpolitischen Entscheidungen meist

Das Berliner Stadtschloss, im 17. Jahrhundert noch ein Bau im Stil der Renaissance, hatte im Dreißigjährigen Krieg schwer gelitten. Nach seiner Hochzeit mit Luise Henriette ließ Kurfürst Friedrich Wilhelm die Residenz aufwendig renovieren. Dabei legte er auch großen Wert auf eine repräsentative Innenausstattung. – Gemälde von Abraham Begeyn, 1690 (Märkisches Museum Berlin).

eine glückliche Hand hatte. Tatsächlich erwies sich Johann Moritz nicht nur als versierter Verwaltungsfachmann, er war auch der Kunst und Wissenschaft sehr zugetan und obendrein ein großer Gartenfreund. Während seiner Amtszeit entstand in Kleve eine Parklandschaft, die noch heute zu den Sehenswürdigkeiten der Stadt gehört. Später würde sich auch Luise Henriette von ihm Anregungen und Ratschläge holen, als sie in Brandenburg selbst begann, Parks und Gärten anzulegen.

Nachdem Friedrich Wilhelm in Kleve alles Notwendige geregelt hatte, war es endlich soweit: Im Herbst 1649 konnte sich die kleine kurfürstliche Familie mit ihrem Gefolge auf den Weg nach Berlin machen. Luise Henriette war schon sehr gespannt, was sie dort erwarten würde. Doch kaum war man aufgebrochen, da schlug das Schicksal erbarmungslos zu. Der kleine Kurprinz Wilhelm Heinrich wurde krank und starb noch unterwegs, nur kurze Zeit später, am 20. Oktober, während eines Aufenthalts in Wesel.

In Zeiten hoher Kindersterblichkeit war das nicht ungewöhnlich, denn alle Eltern mussten jederzeit damit rechnen, dass ihnen die Kleinen wieder genommen wurden. Viele trauernde Eltern fügten sich stumm in ihr Schicksal und vertrauten auf die Allmacht Gottes. Luise Henriette jedoch, zu diesem Zeitpunkt erneut schwanger, war völlig verzweifelt, brach zusammen und erlitt eine Fehlgeburt. Ihr inniger Glaube an Gott bot ihr in dieser schlimmen Situation keinen Trost, im Gegenteil. Für sie war es kein gütiger und gnädiger Gott, der ihr Zuspruch und Zuversicht hätte schenken können. Vielmehr glaubte sie an einen Gott von alttestamentarischer Strenge, der die Menschen für ihre Verfehlungen bestrafte. Vielleicht nicht zum ersten Mal zweifelte sie daran, zu den Auserwählten zu gehören. Ungleich schlimmer als ihre körperliche Schwäche war daher ihr seelisches Befinden. Sie fiel in eine tiefe Depression, die einen längeren Aufenthalt in Wesel notwendig machte. Die Reise nach Berlin musste bis auf weiteres verschoben werden.

## Neue Heimat an der Spree

Erst im Januar 1650 hatte sich Luise Henriette so weit erholt, dass der Weg nach Berlin fortgesetzt werden konnte, wenn auch aufgrund der winterlichen Temperaturen unter den denkbar ungünstigsten Bedingungen. Aber Friedrich Wilhelm wollte nicht noch länger warten und auch die pflichtbewusste Kurfürstin duldete keinen weiteren Aufschub. Inzwischen hatte sie den schweren Schicksalsschlag einigermaßen verarbeitet und war voller Zuversicht, dass ihr Gott schon bald wieder ein Kind schenken würde.

Am 10. März 1650 hielt das Herrscherpaar feierlichen Einzug in Berlin. Zahlreiche Menschen drängten sich auf den Straßen, um Friedrich Wilhelm und seine junge Gemahlin herzlich zu empfangen. Nach mehr als dreijähriger Ehe war Luise Henriette endlich in ihrer neuen Heimat angekommen und konnte das frisch renovierte Berliner Stadtschloss beziehen.

Noch immer waren in der Stadt die Spuren des Dreißigjährigen Krieges deutlich sichtbar, zahlreiche Häuser zerstört oder beschädigt, viele inzwischen abgerissen. Noch um 1600 war Berlin (eigentlich Berlin-Cölln) eine aufstrebende Stadt an einem wichtigen Handelsweg gewesen. Wohnten hier bei ihrer Gründung im 13. Jahrhundert nur 1200 Einwohner, so hatte sich deren Zahl inzwischen verzehnfacht. Doch infolge des Krieges war sie wieder auf die Hälfte geschrumpft.

Auch wenn das auf der Spreeinsel stehende Stadtschloss noch nicht ganz in altem Glanz erstrahlte, so hatte sich in den letzten Jahren doch viel getan. Seit dem 15. Jahrhundert war Berlin die Residenz der Hohenzollern. Die ursprüngliche Burg aus dieser Zeit war später einem Renaissanceschloss gewichen, das Friedrich Wilhelm nun mit kostbaren Materialien gründlich restaurieren und modernisieren hatte lassen, auch wenn die entscheidenden Veränderung erst von seinem Sohn Friedrich I. vorgenommen wurden.

Trotz leerer Kassen hatte der junge Kurfürst keine Kosten und Mühen gescheut, eine repräsentative Residenz zu errichten, wobei ihm sein Aufenthalt in den Niederlanden die nötige Inspiration verschafft hatte. Auch wenn die Arbeiten noch nicht ganz abgeschlossen waren, konnte sich Luise Henriette in ihren Gemächern wohlfühlen, und mancherlei erinnerte auch an ihr Zuhause in Den Haag. Anders als bislang bei den Hohenzollern gehörte bei den Oraniern der Umgang mit Kunst und Künstlern zum Lebensstil. Das sollte künftig auch in Berlin der Fall sein. Schon kurz nach seiner Hochzeit hatte der Kurfürst den niederländischen Hofmaler Gerrit van Honthorst (1592–1656) beauftragt, mehrere Porträts von ihm und seiner Gemahlin anzufertigen. Im Haag hatte er die Erfahrung gemacht, dass solche Gemälde für die fürstliche Repräsentation unerlässlich waren. Im selben Jahr 1647 stellte er daher Honthorsts jüngeren Bruder Willem (1594–1666) als neuen brandenburgischen Hofmaler an und bezahlte ihn trotz leerer Staatskasse überdurchschnittlich gut. Der Künstler blieb 17 Jahre im Dienst des Kurfürstenpaares, bevor er 1664 zurück in die Niederlande ging.

## Fürstlicher Besuch an der Spree

Fast vier Jahre waren Friedrich Wilhelm und Luise Henriette inzwischen verheiratet. Allem Anschein nach war aus gegenseitiger Sympathie und Hochachtung inzwischen so etwas wie Liebe geworden. Umso schmerzlicher musste es sein, dass sich nach dem Tod des kleinen Kurprinzen einfach kein Nachwuchs mehr einstellen wollte. Alle Schwangerschaften endeten bislang mit einer Fehlgeburt.

Die Kinderlosigkeit lag wie ein dunkler Schatten über Luise Henriettes Leben. Zum einen fürchtete sie nach wie vor, es könne eine Strafe Gottes sein, der sie mit intensiver Bibellektüre zu begegnen suchte. Doch noch etwas anderes kam hinzu: Die wichtigste und eigentliche Aufgabe einer Fürstin war es, Kinder zu bekommen. War das nicht der Fall, schwebte immer drohender das Damoklesschwert der Scheidung über der Betreffenden. Auch Luise Henriette wird große Angst gehabt haben, dass sich der Kurfürst von ihr trennen und eine andere Frau heiraten könnte. Leider halten sich die Quellen in diesem Punkte bedeckt. Ob es zu Spannungen oder gar zu einer Ehekrise kam, ist nicht bekannt.

Vermutlich aber besaß Friedrich Wilhelm mehr Zuversicht und Gottvertrauen als Luise Henriette. Es gibt jedenfalls keine

Anzeichen, dass er an eine Scheidung dachte. Im Gegenteil: Er genoss das Zusammenleben mit seiner Gemahlin, suchte ihre Gesellschaft und bemühte sich, so oft wie möglich mit ihr zusammen zu sein, um sich über verschiedene Themen auszutauschen. Vermutlich hatte Luise Henriette auch bei der weiteren Renovierung des Berliner Schlosses ein gewichtiges Wörtchen mitzureden. Beide speisten regelmäßig gemeinsam zu Mittag, und wenn es seine Zeit erlaubte, unternahm Friedrich Wilhelm mit Luise Henriette längere Ausritte, um ihr die nähere Umgebung zu zeigen. Der Abend war ohnehin dem Privatleben gewidmet und man vertrieb sich die Zeit mit Schach und Kartenspiel. Dabei war das Kurfürstenpaar nur selten allein, fast ständig waren Besucher im Berliner Schloss zu Gast. Amalie, Luise Henriettes Mutter, reiste häufiger an, um sich nach dem Wohlbefinden ihrer Tochter zu erkundigen und sie vermutlich auch mit guten Ratschlägen zu versehen. Eine Zeitlang lebte auch Elisabeth von der Pfalz in Berlin. Mit ihrem Cousin Friedrich Wilhelm war sie schon lange eng vertraut gewesen, nun wurde sie auch eine gute Freundin der neun Jahre jüngeren Luise Henriette.

Mit Elisabeth zog die Gelehrsamkeit ins Schloss an der Spree. Die Tochter des »Winterkönigs« war eine ausgesprochen interessante Zeitgenossin, was sich im Laufe der Jahre immer stärker manifestierte. Schon Descartes hatte sie seinerzeit in den höchsten Tönen gelobt: »Und was meine Bewunderung noch steigert, es ist nicht ein bejahrter Mann, der viele Jahre auf seine Belehrung verwendet hat, sondern eine noch jugendliche Fürstin, die in ihrer Anmut eher den Grazien, wie die Poeten sie beschreiben, als den Musen oder der weisen Minerva gleicht.«

Dass sich Elisabeth so lange im Berliner Schloss aufhielt, war eine Notlösung. Weil das Verhältnis zu ihrer Mutter nicht unbelastet war, wollte sie nicht länger in Den Haag bleiben. Eigentlich hätte sie mit inzwischen 32 Jahren längst verheiratet sein müssen, doch offenbar wusste sie, dass sich Ehe und Mutterschaft kaum mit ihren intellektuellen Interessen würden vereinbaren lassen. Dass sie keine nennenswerte Mitgift zu erwarten hatte, kam erschwerend hinzu, war aber offenbar nicht ausschlaggebend. Doch auch wenn sie ein gern gesehener Gast und eine durchaus anregende Gesprächspartnerin sein mochte, so fehlte ihr doch eine wirkliche Aufgabe. Obendrein musste sie natürlich auch finanziell ausgestattet werden, denn ein reicher Ehemann war schließlich nicht in Sicht. Friedrich Wilhelm suchte also nach einer Möglichkeit zur Absicherung von Elisabeths Lebensunterhalt. Es dauerte eine Weile, bis sich eine Lösung anbot.

Ähnlich wie Luise Henriette nahm auch Elisabeth ihren calvinistischen Glauben sehr ernst, fand darin gleichsam ihre Berufung. 1661 gelang es dem Kurfürsten, sie zur Coadjutorin der Äbtissin von Herford zu machen, bevor sie ihr sechs Jahre später in diesem Amt folgte. Die berühmte Abtei Herford, eine Stiftung der Karolinger, stand inzwischen unter der Schutzherrschaft des Kurfürsten von Brandenburg. Während im Zuge der Reformation zahlreiche norddeutsche Klöster aufgehoben waren, lebten etliche Frauenklöster als protestantische Damenstifte weiter, auch Herford. Seit 1661 gab es erstmals eine reformierte Äbtissin, während die Stiftsdamen sowohl calvinistisch als auch lutherisch waren. Das Amt der Äbtissin war ausgesprochen lukrativ, es glich dem einer Landesherrin, war hoch dotiert und somit die ideale Versorgung für eine unverheiratete Prinzessin. Hier fand Elisabeth ihre Erfüllung.

## Bötzow – Eine neue Aufgabe für Luise Henriette

Doch zurück ins Jahr 1650. Allmählich lebte sich Luise Henriette in ihrer neuen Heimat ein. In diesem Spätsommer machte das Kurfürstenpaar einen Ausritt nach Bötzow an der Havel, etwas nördlich von Berlin. Dieses Ziel hatte Friedrich Wilhelm nicht zufällig ausgewählt. Er spürte, dass Luise Henriette neben ihren repräsentativen Pflichten noch eine andere Aufgabe brauchte, die ihr Freude machte und sie ein wenig von ihrer ungewollten Kinderlosigkeit ablenkte.

Das Dorf und die Umgebung von Bötzow mit ihren grünen Wiesen und lauschigen Kiefernwäldern sollte nun das neue Betätigungsfeld der Kurfürstin werden. Es war keineswegs unüblich, der Gattin eines Fürsten eigenes Land zu schenken, das oftmals reichen Gewinn abwarf und in der Regel ihrer Versorgung diente. Reicher Gewinn war von Bötzow allerdings nicht zu erwarten, zumindest noch nicht: Nach wie vor litt die ganze Umgebung unter den Nachwirkungen des Dreißigjährigen Krieges, viele Häuser waren zerfallen, die Felder lagen brach. Bevor man auch nur einen einzigen Gedanken an reiche Erträge verschwenden konnte, waren viel Arbeit und noch mehr Herzblut nötig. Doch Friedrich Wilhelm ahnte, dass Luise Henriette diese Herausforderung mit dem ihr eigenen Pflichtgefühl annehmen würde. Und so schenkte er ihr »auf Lebenszeit diesen Ort mit allen dazugehörigen Dörfern, Äckern, Vorwerken, Schäfereien«, wie er am 27. September 1650 urkundlich verfügte.

Nun war Luise Henriette eine durchaus vielseitig interessierte Fürstin, doch für den geplanten Wiederaufbau von Bötzow fehlte ihr das nötige Fachwissen. Sie brauchte bei ihrer neuen Aufgabe also sachkundige Unterstützung. Einen kompetenten Partner fand sie in ihrem Hofmeister Otto von Schwerin (1616–1679), zu dem sie seit ihrer Ankunft in Berlin vollstes Vertrauen gefasst hatte. Gemeinsam mit ihm ging sie nun zielstrebig ans Werk und verfolgte das ehrgeizige Ziel, aus Bötzow mit der Zeit ein brandenburgisches »Musterländle« zu machen.

Doch kaum war das Projekt angelaufen, erreichte sie eine tragische Nachricht aus Den Haag: Ihr Bruder Wilhelm, seit 1647 Statthalter der Niederlande, war an den Pocken erkrankt und starb am 6. November 1650 im Alter von nur 24 Jahren. Er hinterließ seine hochschwangere Witwe Maria, die kurze Zeit später einen Sohn zur Welt brachte, der ebenfalls Wilhelm genannt wurde, der dritte dieses Namens. Vorkehrungen für einen solchen Todesfall hatte man nicht getroffen.

Der Tod des jungen Statthalters war nicht nur eine persönliche Tragödie, vor allem für Luise Henriette, er durchkreuzte auch die politischen Ziele des Kurfürsten. Schließlich hatte er seine Frau vor allem deshalb geheiratet, weil er annahm, künftig mit den Oraniern einen starken und zuverlässigen Partner zu haben. Nun hatte sich schon in den letzten Jahren gezeigt, dass die Fußstapfen, die sein Vater Friedrich Heinrich hinterlassen hatte, zu groß für den jungen Wilhelm II. gewesen waren. Bereits vor seinem frühen Tod hatte ein Konflikt mit den Ständen seine Position spürbar geschwächt. Und weil er für den Fall seines Ablebens nicht vorgesorgt hatte, mussten die Oranier jetzt abtreten. Damit begann ein 22-jähriges Interregnum, das meist als die »statthalterlose Zeit« bezeichnet wird. Bis 1672 wurde kein neuer Statthalter mehr eingesetzt, stattdessen avancierte der Ratspensionär – eine Art Staatsekretär – zum mächtigsten Mann der Vereinigten Niederlande. Dass ihr Neffe als Wilhelm III. 1672 dann doch noch als Statthalter eingesetzt wurde, hat Luise Henriette nicht mehr erlebt – sie war zu diesem Zeitpunkt bereits seit fünf Jahren tot.

Doch bei aller Trauer um ihren Bruder wollte die Kurfürstin ihre Pflichten keinesfalls vernachlässigen. In Bötzow gab es jede Menge zu tun und sie war froh, dass ihr Hofmeister sie so tatkräftig unterstützte.

## Aus Bötzow wird Oranienburg

Der 1616 geborene Otto von Schwerin stammte ursprünglich aus Pommern, das 1637 eigentlich hätte an Brandenburg fallen sollen, aber zu diesem Zeitpunkt schon seit sieben Jahren von den Schweden besetzt war. Gleichwohl blieb Schwerin den Hohenzollern treu ergeben. Seitdem er als 18-Jähriger in den Dienst der Kurfürstin Elisabeth Charlotte getreten war, beeindruckte er durch wache Intelligenz, Loyalität und Hilfsbereitschaft. Auch er war überzeugter Calvinist und schrieb in seiner Freizeit Kirchenlieder.

Schon bald hatte Friedrich Wilhelm die Qualitäten des vier Jahre Älteren zu schätzen gelernt, seine umsichtige Art und sichere Urteilskraft. Hinzu kam, dass er so etwas wie ein »Workaholic« war, ein Mann von enormer Energie, der spielend ein gewaltiges Arbeitspensum erledigte. Die beiden verband so etwas wie ein freundschaftliches Verhältnis, was Friedrich Wilhelm seinerzeit auch dazu veranlasst hatte, Schwerin zu Luise Henriettes Hofmeister zu machen, eine persönliche Vertrauensstellung.

Die Entscheidung hatte sich als goldrichtig erwiesen. Von Anfang an wurde Schwerin zu einem guten Freund, mit dem sie nicht nur sämtliche Hofangelegenheiten besprechen, sondern dem sie mitunter auch ihr Herz ausschütten konnte. Er hatte stets ein offenes Ohr für sie, spendete Trost und Zuversicht, wenn die Last der ungewollten Kinderlosigkeit wieder einmal übermächtig wurde. All das machte die Zusammenarbeit mit ihm überaus konstruktiv und angenehm.

Nun also stand das »Projekt Bötzow« auf der Agenda. Es gab viel zu tun, die verlassenen Höfe mussten erst instandgesetzt werden, bevor sie von neuen Bewohnern bewirtschaftet werden konnten. Weil in den kriegsbedingt teils menschenleeren Landstrichen Brandenburgs kaum noch gute Handwerker zu finden waren, richtete Luise Henriette den Blick auf die Niederlande. Benötigt wurden Fachleute wie Ziegelhersteller, aber auch Experten für Garten-, Landschafts- und Kanalbau, vor allem aber tüchtige Siedler, die in der Landwirtschaft arbeiten wollten. Gemeinsam mit Friedrich Wilhelm, für den die »Peuplierungspolitik« oberste Priorität hatte, unterbreitete Luise Henriette ihren Landsleuten das Angebot, sich in Bötzow niederzulassen. Wer hierhin zog, war in den nächsten Jahren von allen Abgaben befreit.

Zunächst einmal erwies sich das Projekt als recht kostspielig. Um das nötige Material für den Wiederaufbau zu beschaffen, musste die Kurfürstin auch in ihre eigene Schatulle greifen, um die Rechnungen zu bezahlen. Aber schließlich verfügte sie neben ihrer reichen Mitgift auch über regelmäßige Zuwendungen ihres Gemahls. Von diesem Geld kaufte sie nun Baumaterial, Vieh und zusätzliches Weideland. Dabei hoffte sie, dass Bötzows Strahlkraft irgendwann einmal auch zum Vorbild für ganz Brandenburg werden würde.

Allmählich ging der Wiederaufbau voran. Regelmäßig fuhr Luise Henriette selbst nach Bötzow, um nach dem Rechten zu sehen und mit »ihren« Bauern, Fischern oder Schäfern ins Gespräch zu kommen. Das Ganze hatte nur einen Haken: Um sich mit den Brandenburgern unterhalten zu können, benötigte die Kurfürstin einen Dolmetscher. Wie man anhand der wenigen von ihr noch erhaltenen Briefe erkennen kann, hat sie die deutsche Sprache nie richtig gelernt. Stattdessen schrieb sie eine Art deutsch-niederländischen Mischmasch, der eigentlich kaum zu verstehen war. Der direkte Kontakt zum »einfachen Volk« war daher kaum möglich, was sicherlich zur Folge hatte, dass die Brandenburger eine gewisse Distanz zu ihrer Landesherrin nie überwinden konnten. Herkunft, Sprache, Religion – es gab vieles, das Luise Henriette von ihren Untertanen trennte.

Trotzdem wuchs ihr Bötzow mit der Zeit ans Herz. Friedrich Wilhelm beschloss daher, dass sie hier ihr eigenes Refugium erhalten sollte, das auch als möglicher Witwensitz geplant war. So war es üblich. Auch seine Mutter Elisabeth Charlotte hatte sich seinerzeit nach Crossen an der Oder zurückgezogen. Grund war nicht nur die Versorgung der verwitweten Kurfürstin, man wollte auch räumlichen Abstand schaffen, um den Einfluss der Mutter auf den regierenden Sohn zu reduzieren. In den Niederlanden war das bekanntlich nicht gelungen – Amalie setzte sich durch und blieb in Den Haag.

Inzwischen wusste Luise Henriette schon einiges über ihren Besitz. Bereits um 1200 hatten die Askanier hier an der Havel eine Burg angelegt. Das dazugehörige Dorf Bötzow wurde

1216 erstmals erwähnt. Im 16. Jahrhundert wurde die Burg durch ein kurfürstliches Jagdhaus ersetzt.

Nun sollte dort also ein kleines Schloss für Luise Henriette entstehen. Den Auftrag erhielt Johann Gregor Memhard (1607–1678), der ebenfalls für die Renovierungsarbeiten des Berliner Stadtschlosses verantwortlich war. Auch Memhard war von den Niederlanden geprägt, obwohl er eigentlich im oberösterreichischen Linz an der Donau geboren wurde. Doch dann hatte er wegen religiöser Wirren seine Heimat verlassen und war wie so viele Flüchtlinge in die Niederlande emigriert. Hier hatte er das Handwerk des Baumeisters von der Pike auf gelernt und sich als Festungsbauer einen Namen gemacht, bevor er 1640 in den Dienst der Hohenzollern trat.

Unter seiner Regie entstand nun in Bötzow auf der Havelinsel ein kleines Schloss mit Garten, dem Friedrich Wilhelm nach der Fertigstellung 1652 den Namen Oranienburg gab. Schon bald hieß der ganze Ort so.

Insgesamt gab es im 17. Jahrhundert im Deutschen Reich vier Schlösser, die Oranien im Namen trugen und für die vier niederländischen Schwestern erbaut wurden, die alle deutsche Fürsten geheiratet hatten:

Schloss Oranienstein in Dietz an der Lahn, das zwischen 1672 und 1681 errichtet wurde, diente als Witwensitz für Luise Henriettes drittjüngste Schwester Albertine Agnes (1634–1696), die 1652 in Kleve Friedrich Wilhelm von Nassau-Dietz geheiratet hatte, den Statthalter von Friesland und Groningen. Albertine Agnes wurde früh Witwe, nachdem sich ihr Mann 1664 beim Reinigen einer Pistole tödliche Verletzungen zugezogen hatte. Sie übernahm die Vormundschaft für ihre drei Kinder, vor allem aber die Regentschaft für den unmündigen Sohn Heinrich Casimir (1657–1696), um bis zu dessen Volljährigkeit für Stabilität zu sorgen.

Schloss Oranienbaum in Anhalt-Dessau, das zwischen 1681 und 1685 erbaut wurde und heute zum Gartenreich Dessau-Wörtlitz gehört, diente als Residenz von Luise Henriettes zweit-

Nachdem der Kurfürst Luise Henriette die Ortschaft Bötzow zum Geschenk gemacht hatte, ließ sie hier ein kleines Schloss errichten, das ihr zu Ehren Oranienburg genannt wurde. Bald hieß auch der ganze Ort so. Sein heutiges Aussehen erhielt das Schloss erst unter Friedrich I. „in“ Preußen.

jüngster Schwester Henriette Katharina (1637–1708), von der später noch ausführlicher die Rede sein wird.

Das 1669 erbaute, heute nicht mehr existierende Schloss Oranienhof bei Bad Kreuznach (Rheinland-Pfalz) befand sich damals in Besitz von Luise Henriettes jüngster Schwester Marie (1642–1688). Sie heiratete 1666 den Pfalzgrafen Ludwig Heinrich Moritz von Simmern (1640–1674), einen Neffen des Kurfürsten Friedrich IV. von der Pfalz, doch die Ehe, die aus Liebe geschlossen worden war, blieb kinderlos. Nach dem frühen Tod ihres Gemahls zog sich Marie auf ihren Witwensitz Oranienhof zurück, wo sie im Alter von 45 Jahren an den Folgen einer Lungenentzündung starb. Nur ein Jahr später wurde das Schloss infolge des Pfälzischen Erbfolgekriegs zerstört und schließlich abgerissen.

## Luise Henriettes »grüner Daumen«

Zu Luise Henriettes niederländischem Erbe gehörte auch der sprichwörtliche »grüne Daumen«, ihr durchaus praktischer Sinn für ebenso schöne wie nützliche Gartengestaltung. Voller Eifer machte sie sich zunächst auf Schloss Oranienburg ans Werk. Der quadratische Lustgarten, den Memhard im Südwesten angelegt hatte, war nach niederländischem Vorbild von einer hohen Mauer umgeben und diente trotz seines Namens auch praktischen Zwecken. Hier ließ Luise Henriette Bäume, Sträucher und Zierpflanzen kultivieren, aber ebenso Blumen und Gemüse pflanzen. Dazu zählte auch die aus Südamerika stammende Kartoffel, die damals allerdings wegen ihrer schönen Blüten noch als Zierpflanze galt, eine botanische Kostbarkeit. Erst unter Luise Henriettes Urenkel Friedrich II. (1712–1786) wurde sie zur Hauptnahrungsquelle und zum preußischen Standardgericht.

Es war Luise Henriettes Devise, das Schöne mit dem Nützlichen zu verbinden. Das galt auch für den Lustgarten des Berliner Stadtschlosses, der diesen Namen aber inzwischen nicht mehr verdiente. Nach den Wirren des Dreißigjährigen Krieges war er heruntergekommen und völlig verwildert. Gerne überließ Friedrich Wilhelm seiner begabten Frau die Neugestaltung der Anlage, natürlich unter der sachkundigen Federführung Memhards, der mit niederländischen Fachleuten zusammenarbeitete. Zunächst musste der morastige Boden entwässert werden, wobei zu dessen Trockenlegung extra eine Schleuse eingebaut wurde. Dann beauftragte man kundige Landschaftsgärtner mit der Gestaltung. Aus den Niederlanden kamen vor allem Nussbäume und Linden, Sträucher sowie Blumenzwiebeln. Das Ergebnis konnte sich schon bald sehen lassen: Die geometrisch aufgeteilten Flächen boten das Bild eines blühenden holländischen Gärtchens, das in der kargen Umgebung fast wie ein kleines Wunder wirkte. Auf solch einen schönen Anblick hatten die Berliner lange verzichten müssen!

Zum »Gesamtkunstwerk« des Lustgartens gehörte auch die Anlage von Springbrunnen, Marmorstatuen und künstlichen Grotten, die damals an den europäischen Höfen in Mode kamen. Dazwischen leuchtete das Grün der Bäume und eine üppige Blütenpracht aus farbenfrohen Tulpen, Levkojen und Orangenbäumen.

Noch heute zählen Tulpen zu den bekanntesten niederländischen Exportartikeln. Die aus der Türkei eingeführte Blumensorte kam in den 1630er-Jahren nicht nur in Den Haag, sondern an allen europäischen Höfen groß in Mode. Gärtner wetteiferten, um neue Sorten zu züchten, und erzielten damit hohe Preise. Vor allem in den Niederlanden wurden Tulpenzwiebeln zum begehrten Handelsgut und Spekulationsobjekt, was zu einer wahren »Tulpenmanie« führte. Folge war, dass Händler die Zwiebeln auf Kredit erwarben und zu immer höheren Preisen verkauften. Schließlich konnte man für drei Tulpenzwiebeln zum Beispiel ein Haus in Haarlem erwerben. Tulpenbeete wurden von bewaffneten Sicherheitsleuten bewacht. Der Markt expandierte immer weiter und es schien nur Gewinner zu geben. Doch als die Preise ein Niveau erreichten, bei dem sich keine Käufer mehr finden ließen, zerplatzte 1637 die Spekulationsblase. Tausende Händler saßen nun auf einem ruinösen Schuldenberg. Vermutlich konnte sich auch Luise Henriette noch an die dramatischen Ereignisse erinnern.

Wie schon in Oranienburg legte die Kurfürstin auch bei der Gestaltung des Berliner Lustgartens großen Wert auf den praktischen Nutzen. Schon vor dem Dreißigjährigen Krieg hatte es hier einen Küchengarten gegeben, der nun zu neuer Blüte kam. Künftig wurden wieder Kräuter und Gemüse für die Schlossküche angebaut. So schlug man gleichsam zwei Fliegen mit einer Klappe: Zum einen kam alles frisch auf die kurfürstliche Tafel, zum anderen sparte man auch noch Geld, weil man Kräuter und Gemüse nicht beim Händler kaufen musste.

Das gleiche Ziel verfolgte Luise Henriette später auch in Potsdam, das ab 1660 mit dem Bau des Stadtschlosses und der

Verschönerung der Umgebung einen gewaltigen Aufschwung erlebte. Es wurde damals neben Berlin zur zweiten Residenz der Hohenzollern, vermutlich, weil die Kurfürsten die waldreiche Umgebung als Jagdgebiet zu schätzen gelernt hatten.

In Potsdam griff Luise Henriette auf eine alte Tradition zurück und ließ an den Hängen Wein anbauen. Diese Idee stammt nämlich keineswegs von ihrem Urenkel Friedrich II. – Weinbau gab es in Potsdam schon seit dem 15. Jahrhundert. Ob er von den Hohenzollern vorangetrieben wurde, sei dahingestellt. Mit dem Dreißigjährigen Krieg kam die Tradition jedenfalls zum Erliegen und wurde nun wiederbelebt. Die Trauben gediehen auf den Potsdamer Hügeln so gut, dass der heimische Rotwein schon bald im Berliner Schloss serviert wurde.

So sehr Luise Henriette auch auf Wirtschaftlichkeit achtete – am Hof galten andere Spielregeln, denn hier zählte in erster Linie die Repräsentation. Trotz nach wie vor leerer Kassen war es ganz selbstverständlich, dass man von versilberten oder vergoldeten Tellern speiste. Auch das, was auf den Tisch kam, konnte selbst den verwöhnten Gaumen eines Gourmets nicht enttäuschen. Eiserne Sparsamkeit würde erst unter ihrem Enkel Friedrich Wilhelm I. (1688–1740) Einzug in die Hohenzollernschlösser halten.

## Ein neuer Mann am Berliner Hof: Reichsgraf Georg Friedrich von Waldeck

Doch auch wenn Luise Henriette den besten Willen zeigte, das geschundene Land wieder zur Blüte zu bringen, so blieben doch viele Brandenburger skeptisch. Allein die Tatsache, dass die Kurfürstin zahlreiche Niederländer anwarb, sorgte für Unmut. Missmutig sprach man schon bald von der »Verholländerung« Brandenburgs.

Dass sich auch am Berliner Hof zunehmend die »Holländer« durchsetzten, führte ebenfalls zu Spannungen. Der Konflikt entzündete sich an der Tatsache, dass Luise Henriette nach fast fünfjähriger Ehe noch immer keinen Thronfolger geboren hatte. Das gab Anlass zu allerlei Getuschel. Wie immer in solchen Fällen behaupteten böse Zungen, Luise Henriette sei unfruchtbar, sodass ein triftiger Scheidungsgrund vorläge. Tatsächlich hatte sie erst 1651 eine weitere Fehlgeburt erlitten, und es wäre durchaus möglich gewesen, dass sich der Kurfürst von seiner Gemahlin getrennt hätte. Es gab auch Berater, die genau das von ihm forderten. Es ist nicht ganz klar, wer Friedrich Wilhelm letztlich zur Scheidung riet, aber vermutlich war es Konrad von Burgsdorff (1595–1652), altgedienter Oberkämmerer am Berliner Hof, der 1646 selbst die Ehe des Kurfürsten mit Luise Henriette ausgehandelt hatte. Gewiss hatte er nichts gegen die junge Frau persönlich, aber Burgsdorffs Sorge galt der Zukunft des Landes. Friedrich Wilhelm hatte keinen Bruder, der gegebenenfalls seine Nachfolge hätte antreten können. Man musste der Gefahr ins Auge sehen, die ein Ausbleiben männlicher Nachkommen bedeutete.

Doch die Zeiten, in denen Burgsdorff auch als Finanzverwalter großen Einfluss auf den Kurfürsten gehabt hatte, waren inzwischen vorbei. Seit geraumer Zeit gab es in Berlin zwei »Hofparteien«, die einander feindlich gegenüberstanden: Neben dem kurfürstlichen »Stammpersonal« hatte sich eine mächtige »oranische Partei« etabliert, die unter maßgeblicher Führung des Reichsgrafen Georg Friedrich von Waldeck (1620–1692) stand und zunehmend an Einfluss gewann.

Waldeck hatte Friedrich Wilhelm 1651 durch sein resolutes und beherztes Vorgehen in jener glücklosen militärischen Auseinandersetzung imponiert, die als »Düsseldorfer Kuhkrieg« in die Geschichte eingegangen ist. Anlass waren die nach wie vor unklaren Besitzverhältnisse in Jülich-Kleve, das vorerst von Brandenburg und Pfalz-Neuburg gemeinsam regiert werden sollte. Das ging natürlich nicht gut. Daher hatte Friedrich Wilhelm schon 1646 versucht, den in Düsseldorf regierenden Pfalzgrafen zu vertreiben. Vergeblich. Fünf Jahre später entschloss er sich zu einem neuen Waffengang. Wieder drangen brandenburgische Truppen ins Bergische Land vor und erstürmten im Juni 1651 die Burg Angermund im Norden Düsseldorfs. Mit dieser Machtdemonstration wollte Friedrich Wilhelm nicht zuletzt die Stände seiner westlichen Besitzungen beeindrucken und stärker auf seine Seite ziehen.

Leider ging das ganze Unternehmen gründlich schief. Nicht nur der Kaiser in Wien, auch die protestantischen Reichsfürsten legten energischen Protest ein, weil der Brandenburger den 1648 mühsam ausgehandelten Westfälischen Frieden als Erster gebrochen hatte. Zudem zeigten sich die Stände von Kleve und Ravensberg völlig unbeeindruckt und weigerten sich, das Unternehmen zu bezahlen. Friedrich Wilhelm blieb nichts anderes übrig, als das Ganze umgehend zu beenden. Wutentbrannt reiste der düpierte Kurfürst zurück nach Berlin.

Die fehlgeschlagene Aktion wurde unter dem peinlichen Namen »Düsseldorfer Kuhkrieg« bekannt. Die Bezeichnung rührte daher, dass es den Brandenburgern lediglich gelungen war, auf dem Angermunder Schlossgelände der Gräfin von Pfalz-Neuburg ein paar Kühe zu requirieren.

Schon bald war die Angelegenheit wieder vergessen und der Erbschaftsstreit lag auch weiterhin auf Eis (und konnte erst 1741 endgültig beendet werden). Doch der »Kuhkrieg« hatte einen neuen Mann auf die politische Bühne katapultiert, der seitdem eine wichtige Rolle am Berliner Hof spielte: Reichsgraf Georg Friedrich von Waldeck. Der Generalleutnant war derjenige gewesen, der die verfahrene Situation in Angermund nach der überstürzten Abreise des Kurfürsten stabilisierte und einen geordneten Truppenrückzug durchführte.

Auch Waldeck, geboren in Hessen, war zwar selbst kein Niederländer, hatte aber seit 1641 im dortigen Heer gedient und war mit einer Schwester des klevischen Statthalters Johann Moritz von Nassau verheiratet, der ebenfalls lange im Dienst der Niederlande gestanden hatte. Der 30-jährige Waldeck, gut aussehend, elegant und mit geschliffenen Umgangsformen, wurde schon bald zum Anführer der »oranischen Partei« am Berliner Hof und somit zu einer ernstzunehmenden Konkurrenz für den treuen Konrad von Burgsdorff, der schon unter Kurfürst Georg Wilhelm gedient hatte.

Die alte Garde blickte voller Misstrauen auf den smarten Neuzugang, der nicht nur großen Eindruck auf den Kurfürsten machte, sondern mit seinem Charme auch Luise Henriette spielend um den Finger wickelte. Sie wurde zu seiner engagierten Fürsprecherin und nahm ihn gegen jegliche Kritik in Schutz. Denn Waldeck, der nur so vor neuen Ideen sprühte, war auch bei den kurfürstlichen Vertrauten nicht unumstritten, man hielt ihn eher für eine schillernde Persönlichkeit, mehr Schein als Sein. Selbst Otto von Schwerin mahnte zur Vorsicht – vergeblich.

Es hat den Anschein, als habe Burgsdorff Luise Henriettes tiefe Abneigung auf sich gezogen, nachdem er vermutlich ihrem Gemahl zur Scheidung geraten hatte. Die genauen Einzelheiten lassen sich nicht mehr nachvollziehen, aber offenbar gelang es Waldeck – tatkräftig unterstützt von Luise Henriette –, den Kurfürsten zu überreden, ihn an Burgsdorffs Stelle zu setzen. Tatsächlich entschloss sich Friedrich Wilhelm, seinen alten Oberkämmerer fallenzulassen. Was ihn dazu veranlasst hat, ist rätselhaft. An Weihnachten 1651 wurde Burgsdorff, der zu diesem Zeitpunkt schon schwer erkrankt war, aller Ämter enthoben. Verbittert starb er am 11. Februar 1652.

Gleichwohl zeigte sich, dass Friedrich Wilhelm mit Waldeck keine schlechte Wahl getroffen hatte. Er brachte tatsächlich frischen Wind nach Berlin, wo er 1653 als leitender Minister an die Spitze der Staatsverwaltung trat. Vor allem aber half er dem Kurfürsten bis zu seinem Abschied 1658 bei der Neuordnung der Institutionen der brandenburgischen Regierungsbehörde. Erklärtes Ziel war es schließlich, den Einfluss der Stände in allen Besitzungen zurückzudrängen und den Weg zur Vereinheitlichung zu beschreiten. Als Vorbild und Wegbereiter des Absolutismus diente Frankreich.

Auch Luise Henriette empfand den »Neuzugang« Waldeck zunehmend als Bereicherung. Otto von Schwerin blieb sie auch weiterhin eng verbunden, denn mit ihm konnte sie nach wie vor tiefgründige Gespräche führen. Der lebenslustige Waldeck hingegen schaffte es immer wieder, die schwermütige Kurfürstin aufzuheitern und sie aus ihrer Melancholie herauszuholen. Doch auch ernsthafte politische Themen konnte er mit ihr besprechen und sich auf ihre sachkundigen Ratschläge verlassen. Mit ihm und der gestärkten »oranischen Partei« setzte sich die »Verholländerung« am Berliner Hof weiter fort.

## Calvinisten gegen Lutheraner

Dass sich die Brandenburger so sehr über diese Entwicklung ärgerten, hatte auch viel mit dem Glauben der Neusiedler zu tun, dem Calvinismus. Wenn sich ganze niederländische Bauernschaften in Brandenburg niederließen, bauten sie selbstverständlich auch ihre eigenen Kirchen. Das wurde von den Alteingesessenen nicht gern gesehen. Denn selbst wenn das Herrscherhaus der Hohenzollern den calvinistischen Glauben angenommen hatte, so bekannte sich doch der überwiegende Teil der Brandenburger zu den Ideen Martin Luthers. Es war eine ungewöhnliche Konstellation, die auf das 16. Jahrhundert zurückging.

Die ersten Kurfürsten von Brandenburg waren natürlich noch fromme Katholiken gewesen, doch 1539 übernahm Joachim II. Luthers Theologie und führte in seinem Land die Reformation ein. Als der Augsburger Religionsfriede 1555 die Maxime »Cuius regio eius religio« ausgab, nach der der Herrscher den Glauben seiner Untertanen vorgibt, folgten ihm die allermeisten Untertanen und wurden lutherisch-evangelisch. Katholiken blieben künftig in der Minderheit, ebenso Juden und Calvinisten.

Dann aber geschah etwas völlig Unerwartetes: Am Weihnachtstag 1613 nahm Kurfürst Johann Sigismund (1572–1620),

Friedrich Wilhelms bereits erwähnter Großvater, im Berliner Dom an einer reformierten Abendmahlsfeier teil und demonstrierte damit offen seinen Konfessionswechsel. Bekanntlich handelte es sich beim Abendmahl nach Calvin nur um einen symbolischen Akt, keine Wandlung in Blut und Leib Christi, wie damals noch bei den Lutheranern und bis heute bei den Katholiken. Die Hostien wurden durch einen Laib Brot ersetzt, denn Brot und Wein erinnerten an das letzte Abendmahl Christi.

Nun fragt man sich unwillkürlich, wie es dazu kommen konnte. Aber Johann Sigismund konvertierte keineswegs aus frommer Überzeugung, sondern aus profanen, genauer gesagt rein politischen Gründen. Wir erinnern uns wieder einmal an den unseligen jülisch-klevischen Erbfolgestreit, der nach wie vor nicht ausgestanden war. 1613 wollte Johann Sigismund mit seiner Konversion den Anspruch auf die Erbschaft untermauern. Immerhin bildeten die Reformierten am Niederrhein eine starke Gemeinde, die ihn künftig stärker unterstützen sollte. Mit dem Kurfürsten traten auch sein Sohn und Nachfolger Georg Wilhelm, sein Bruder und die meisten Geheimen Räte zum reformierten Glauben über. Sie bildeten seitdem eine winzige Minderheit im eigenen Land. Man sprach deswegen auch von »Hofcalvinismus«.

Brandenburg reagierte mit einem Aufschrei der Empörung: »Lieber türkisch als calvinistisch«, lautete die Parole der Lutheraner, die den radikalen Ideen Johann Calvins in keiner Weise folgen konnten. Vor allem hatten sie Angst, der Kurfürst würde nach dem Grundsatz »Cuius regio eius religio« nunmehr auch seinen Untertanen den verhassten Glauben aufzwingen. Das hätte vermutlich einen Bürgerkrieg ausgelöst. Doch so weit wollte es Johann Sigismund gar nicht kommen lassen und fand stattdessen eine gleichsam salomonische Lösung: Künftig sollten die drei christlichen Konfessionen – Katholiken, Lutheraner und Calvinisten – in Brandenburg nicht nur geduldet werden, sondern gleichberechtigt nebeneinander existieren.

Das war allerdings zu einer Zeit, in der man bereit war, seinem Nächsten wegen eines »falsch« ausgelegten Bibelworts den Schädel einzuschlagen, in der Praxis keineswegs so einfach. Für die Lutheraner war der reformierte Glaube schlicht und einfach Ketzerei. Die größte Ablehnung kam jedoch »von oben«. Schließlich hatte die lutherische Geistlichkeit Brandenburgs lange eine »Monopolstellung« innegehabt, die man natürlich nicht aufgeben wollte. Bis 1613 war der lutherische Glaube Staatsreligion und mit allerlei Privilegien und Pfründen ausgestattet. Die drohten verloren zu gehen, sollte man zugeben, dass durchaus beide evangelischen Konfessionen ins Himmelreich führen würden.

So wurde der Hass auf die Calvinisten weiter geschürt, auch und vor allem während des Sonntagsgottesdienstes: »Behüt' uns Gott vor dem calvinistischen Gift!«, tönte es von den Kanzeln und die frommen Menschen glaubten natürlich den Worten des Herrn Pastor. Kein Wunder, dass sie der »Verholländerung« Brandenburgs so ablehnend gegenüberstanden. Dass Kurfürst Friedrich Wilhelm eine Calvinistin geheiratet hatte, die diese Glaubensrichtung förderte und dafür sorgte, dass reformierte Kirchen in seinem Land Fuß fassen konnten, machte die Sache natürlich nicht besser.

## Die Bedeutung der Kirchenmusik

Luise Henriette aber, wenngleich überzeugte Calvinistin, war keineswegs so intolerant, wie manche Brandenburger glaubten. So schätzte sie durchaus den evangelisch-lutherischen Theologen und Dichter Paul Gerhardt (1607–1676), von 1657 bis 1667 Pfarrer an der Berliner Nikolaikirche. Seine Kirchenlieder wie »Geh' aus mein Herz und suche Freud'« zählen zu den ersten Zeugnissen deutscher Dichtung, und das zu einer Zeit, in der allein die französische Literatur hoch in Kurs stand.

Paul Gerhardt gelang es mit seinen Liedern, den Menschen auch in schweren Zeiten Mut, Hoffnung und Zuversicht zu geben. Zahllose Brandenburger hatten das Grauen des Dreißigjährigen Krieges durchlitten und Todesängste ausgestanden. Ohnehin war der Tod allgegenwärtig, wie auch die hohe Kindersterblichkeit belegt. Gerhardt selbst hatte damals ebenfalls Schreckliches erlebt, Übergriffe feindlicher Soldaten, Seuchen und Hungersnot. Früh verlor er seine Eltern. Sein Vater starb 1619, die Mutter zwei Jahre später. In Wittenberg, wo er später lebte, wütete 1636/37 die Pest, die zahlreiche Todesopfer forderte, darunter seinen Bruder Christian. Aber auch nach dem Krieg blieb er von Schicksalsschlägen nicht verschont. Zusammen mit seiner Frau Anna Maria hatte er vier Kinder, von denen drei frühzeitig starben. Alles in allem Grund genug zu verzweifeln, doch Paul Gerhardt hat sein Gottvertrauen nie verloren. Mit seinen Liedern drang er tief in die Herzen der Menschen ein und machte ihnen bewusst, dass sie selbst in dunklen Stunden das Schöne und Gute dieser Welt und Gottes Schöpfung niemals aus den Augen verlieren durften.

Luise Henriette, die Gerhardts bedingungslose Glaubenstreue sehr schätzte, hat sich oft und gern mit ihm unterhalten, und es ist keineswegs auszuschließen, dass er den Inhalt dieser Gespräche auch in seinen Kirchenliedern verarbeitet hat. Ohnehin lag die Kirchenmusik der frommen Kurfürstin sehr am Herzen, weil sie ihr in schwierigen Zeiten ein wenig Trost und Halt bot, wobei nicht allein die Texte, sondern auch die Musik das Göttliche spürbar machten.

Lange hat man sogar angenommen, das Kirchenlied »Jesus meine Zuversicht« (EG 526) stamme aus ihrer Feder. Inzwischen weiß man jedoch, dass das gar nicht der Fall sein kann, weil Luise Henriettes mangelhafte Deutschkenntnisse einfach nicht ausgereicht hätten, ein solches Lied zu verfassen. Gleichwohl gehörte es zweifellos zu ihren Lieblingsliedern, mit deren Inhalt sie sich voll und ganz identifizieren konnte. Die Auferstehung Jesu macht Hoffnung auf die eigene leibliche Auferstehung und das ewige Leben.

Wie es zu dem Irrtum über die Urheberschaft kam, ist leicht geklärt: Als der Berliner Buchdrucker und Kirchenlieddichter Christoph Runge (1619–1681) im Auftrag des Kurfürsten 1653 ein neues evangelisches Gesangbuch herausgab, konsultierte er auch Luise Henriette und bat sie um ihre Vorschläge. Dem ist sie natürlich gerne nachgekommen. Folglich nahm Runge diese Lieder auf und schrieb als Dank im Vorwort, Luise Henriette habe das Gesangbuch »mit ihren Liedern vermehret und gezieret«. Heute hätte man wohl eher den Begriff »Lieblingslieder« gewählt, was die irrtümliche Verfasserschaft von vorne herein unmöglich gemacht hätte. Es ist nicht vollständig geklärt, wer den Text von »Jesus meine Zuversicht« tatsächlich geschrieben hat. Die neuere Forschung geht jedoch davon aus, dass es Otto von Schwerin gewesen ist, der der Kurfürstin ja auch in persönlichen und religiösen Dingen sehr nahestand. Insofern ist es naheliegend, dass die Lieder ihres Vertrauten ins neue Gesangbuch aufgenommen werden sollten.

## Zur Kur in Aachen

Nachdem Waldeck zum wichtigsten Ratgeber Friedrich Wilhelms geworden war, waren die Scheidungsgerüchte am Berliner Hof wieder verstummt. Das eigentliche Problem aber bestand weiter: Luise Henriettes Kinderlosigkeit. Aber weil sie noch so jung war – gerade einmal 25 Jahre –, hoffte der Kurfürst inständig, dass sich früher oder später doch noch Nachwuchs einstellen würde.

Um die Konstitution der Kurfürstin zu verbessern, rieten die Hofärzte zu einem längeren Kuraufenthalt in Aachen, einem damals ausgesprochen beliebten Modebad. Nachdem zeitgenössische Ärzte die medizinische Wirksamkeit der Heilquellen bestätigt hatten, war es zum Treffpunkt der europäischen Aristokratie avanciert.

Luise Henriette war von dem Vorschlag begeistert, auch weil sich so die Möglichkeit bot, ihre Mutter wiederzusehen und sich mit ihr auszutauschen. Doch so einfach konnte Luise Henriette nicht reisen. Sie benötigte die ausdrückliche Erlaubnis des Kurfürsten. Zum einen bestimmte er, welche repräsentativen Pflichten möglicherweise in nächster Zeit anstanden, zum anderen war das Reisen eine teure Angelegenheit und in Berlin musste nach wie vor gespart werden. Schließlich würde sie nicht alleine unterwegs sein, ein ganzes Gefolge musste untergebracht und versorgt werden.

Doch Friedrich Wilhelm lag das Wohlergehen seiner Gemahlin ebenso sehr am Herzen wie die Hoffnung auf eine baldige Schwangerschaft. Und so machte sich Luise Henriette im Sommer 1652 auf den Weg nach Aachen.

Vermutlich wussten schon die Kelten das schwefelhaltige Thermalwasser zu schätzen, das dort bis heute aus 3000 Metern Tiefe an die Oberfläche sprudelt. Als die Römer 50 v. Chr. das linksrheinische Germanien eroberten, existierte hier bereits eine Kultstätte des Heilgottes Grannus, der damals vor allem dort verehrt wurde, wo es heiße Quellen gab. Bis heute wird das Aachener Thermalwasser zur Linderung von Gelenkschmerzen, Gicht, Rheuma und Osteoporose eingesetzt. Die Römer nannten den Ort damals Aquae Granni, also an den Wassern des Grannus, woraus später der Name Aachen wurde. Sie bauten den Ort zu einem beliebten Militärbad um, das etwa bis 375 n. Chr. in Betrieb war, bevor es für Jahrhunderte im Dornröschenschlaf versank.

Erst Karl der Große (um 747–814), der im fortgeschrittenen Alter unter rheumatischen Beschwerden litt und auf die Heilkraft der bis zu 72° C heißen Quellen setzte, ließ ein modernes Schwimmbad anlegen, in dem er regelmäßig seine Runden drehte. Doch nach dem Tod des Kaisers verloren die Heilquellen erneut an Bedeutung – bis sie Mitte des 17. Jahrhunderts eine neue Blüte erlebten. Jetzt gehörten die Zeiten des Schwimmbads jedoch der Vergangenheit an. Wer in Aachen Linderung seiner diversen Leiden suchte, der begnügte sich mit dem Trinken des »sauren Brunnens« und verbrachte den Kuraufenthalt in den sogenannten »Wandelhallen«, wo man leicht mit anderen Erholungssuchenden ins Gespräch kam. So ließ sich das Angenehme mit dem Nützlichen verbinden und die Kur wurde zum gesellschaftlichen Ereignis.

Für Luise Henriette aber war es neben dem gesundheitlichen Aspekt vor allem wichtig, ihre Mutter wiederzusehen. Vermutlich wird sie Amalie von ihrem Kummer über die ungewollte Kinderlosigkeit erzählt haben, aber auch von den ersten Fortschritten ihres »Musterguts« Oranienburg, das allmählich Gestalt annahm, ebenso von ihrem künftigen Refugium, das sich noch in der Bauphase befand. Erst 1655 würde Luise Henriette hier feierlichen Einzug halten können.

Doch auch politische Themen wurden besprochen, wie immer, wenn Mutter und Tochter zusammentrafen. Amalie wird ihre Besorgnis über die gegenwärtige Krise in den Niederlanden geäußert haben, ausgelöst durch die Feindschaft zu England, einem Land, dem sich die Oranier vor wenigen Jahren noch freundschaftlich verbunden fühlten. Dann hatte sich der Wind allerdings gedreht. Die absolutistischen Bestrebungen König Karls I. hatten in England zum offenen Kampf zwischen Krone und Parlament geführt und einen blutigen Bürgerkrieg ausgelöst. Er endete 1649 mit der Hinrichtung des Königs und der Abschaffung des Parlaments. Jetzt kam der streng puritanisch gesinnte Oliver Cromwell als »Lordprotektor« an die Macht und begründete eine Militärdiktatur.

Die niederländischen Beziehungen zum Inselreich waren freilich schon zuvor getrübt gewesen. 1588 hatte man noch gemeinsam gegen die Spanier gekämpft. Damals war es der vereinten niederländisch-englischen Flotte gelungen, die gewaltige »Armada« im Ärmelkanal zu besiegen. Die Vernichtung seiner Seestreitmacht begründete den Niedergang der Hegemonialstellung Spaniens und ebnete Englands Weg zu späterer Seeherrschaft. Damit jedoch trat es in Konkurrenz zu den Niederlanden, die seit dem Ende des 16. Jahrhunderts den Handel mit Übersee vorantrieben, nachdem sie zuvor vor allem das westliche Deutschland über die Rheinschiene beliefert hatten.

Unter Cromwell zeigte sich England nun fest entschlossen, den niederländischen Konkurrenten loszuwerden. Am 9. Oktober 1651 erließ das Parlament die »Navigationsakte«, ein Schifffahrts- und Seehandelsgesetz, nach dem bestimmte Erzeugnisse aus europäischen Ländern nur auf eigenen Schiffen oder auf denen des Ursprungslandes nach England gebracht werden durften. Auch Erzeugnisse aus Übersee sollten nach England oder in seine Kolonien nur auf englischen Schiffen eingeführt werden. Das hatte einen Seekrieg zur Folge, in dem die Engländer niederländische Fischereiflotten zerstörten und Kaufleute gefangen nahmen. Nach zwei Jahren waren die Niederlande im Vertrag von Westminster 1652 gezwungen, die »Navigationsakte« anzuerkennen. Die von England herbeigeführte Handelsblockade brachte das vormals blühende wirtschaftliche Leben des Landes zum Stocken und beendete jäh das »Goldene Zeitalter«.

Die Feindschaft zwischen England und den Niederlanden bewog nunmehr die Franzosen, die zu den Gewinnern des Westfälischen Friedens zählten, ihre Fühler auszustrecken und neue Verbündete zu suchen. Es war daher kaum überraschend, dass zu den zahlreichen ausländischen Diplomaten, die in Aachen auf Kontaktsuche waren, auch der französische Botschafter gehörte, der Luise Henriette seine Aufwartung machte. Das war eine brisante Situation, denn die Kurfürstin musste jedes Wort abwägen und durfte keine falschen Hoffnungen wecken. Doch sie hatte schon früh von ihrer Mutter gelernt, wie man sich in einem solchen Fall zu verhalten hatte. Sie begrüßte den Franzosen daher äußerst charmant, ließ sich aber nicht auf eine längere Unterredung ein, die man als Annäherung Brandenburg-Preußens an Frankreich hätte missverstehen können.

Friedrich Wilhelm, der sich hinsichtlich möglicher Bündnisse ohnehin sämtliche Optionen offenhalten wollte, hatte wahrlich allen Grund, stolz auf seine kluge und diplomatisch versierte Frau zu sein. Insofern ist der Kuraufenthalt in Aachen auch ein Indiz für das große Vertrauen, das er in Luise Henriette setzte. Schließlich wusste er genau, dass es sich bei dem Kurort um ein glattes diplomatisches Parkett handelte, das zahlreiche Fallstricke aufwies. Seine Gemahlin hatte sie mit Bravour umgangen.

Dass es keineswegs selbstverständlich war, Frauen mit solch heiklen Aufgaben zu betrauen, beweist ein Schreiben des Statthalters von Kleve und Mark. Eigentlich war Johann Moritz von Nassau-Siegen ja ein enger Vertrauter des Kurfürsten, doch in der »Frauenfrage« vertraten beide unterschiedliche Ansichten. In einem Brief, den Johann Moritz nach Berlin schreib, heißt es: »Eins habe ich von Eurer Kurfürstlichen Durchlaucht verstanden, das tut mich trösten. Nämlich dass selbe nicht wollen, in Ewigkeit den Namen zu haben, von Weibern regiert zu sein.« Dabei empfand sich Friedrich Wilhelm keineswegs als »von Weibern regiert«, im Gegenteil. Für ihn waren die Frauen in seiner Entourage eine wesentliche Stütze seiner Herrschaft, ausgestattet mit »weiblichem Feingefühl« und gutem politischem Gespür. Er wusste genau, dass Luise Henriette niemals Dinge tun oder sagen würde, die Brandenburg-Preußen Schaden zufügen konnten. Aber das behielt er gegenüber Johann Moritz möglicherweise lieber für sich.

Im Herbst 1652 beendete Luise Henriette ihren Kuraufenthalt in Aachen und kehrte zurück an die Spree. Es war ihr großer Wunsch, in Oranienburg wieder persönlich nach dem Rechten zu sehen. Auch wenn sie mit Otto von Schwerin einen hervorragenden und äußerst zuverlässigen Verwalter hatte, so war doch letztlich sie selbst für den Oranienburger Besitz verantwortlich.

Tatsächlich ging es langsam aufwärts. Auch wenn es nach wie vor an Baumaterial und Fachleuten fehlte, konnten bis 1653 dreißig neue Häuser errichtet werden. Dazu verpflichtete man für vier Jahre einen niederländischen Ziegelbrenner, der in dieser Zeit auch einheimischen Männern das wichtige Handwerk beibringen sollte.

Das nach holländischem Vorbild geplante Schloss nahm ebenfalls allmählich Gestalt an. Auf rechteckigem Grundriss sollte es sich über drei Stockwerke erstrecken, die von einem hohen Walmdach gekrönt wurden. Oben an der Spitze befand sich schließlich ein Söller, also eine offene Plattform, von der aus man eine prächtige Aussicht auf die umgebende Landschaft hatte.

Heutzutage hat sich die Gestalt des Schlosses verändert. Luise Henriettes Sohn Friedrich I. ließ es zunächst zu einer dreiflügeligen Anlage erweitern, bevor der Bau einen H-förmigen Grundriss erhielt. Auf dem Schlossvorplatz erinnert heute ein bronzenes Denkmal (s. S. 128) an die kurfürstliche Bauherrin Luise Henriette.

Der Garten von Schloss Oranienburg wurde – ebenfalls nach holländischem Vorbild – geometrisch angelegt, wobei niedrig geschnittene Hecken die Blumenbeete umfassten. Zudem gab es ein kleines Lusthaus, eine Orangerie, Grotten und Wasserspiele.

Luise Henriette konnte mit den Fortschritten durchaus zufrieden sein, das Fleckchen Erde an der Havel grünte und blühte, ihr »Mustergut« entwickelte sich und warf schon bald etwas Gewinn ab. Künftig kamen Butter und Käse für den Berliner Hof frisch aus Oranienburg. Die Kurfürstin führte persönlich Buch über Einnahmen und Ausgaben, die sie akribisch notierte. Schließlich musste sie wie alle Grundbesitzer regelmäßige Abgaben an den Landesherrn leisten, auch wenn es in diesem Fall der eigene Ehemann war. Das Geld wanderte in die Staatskasse.

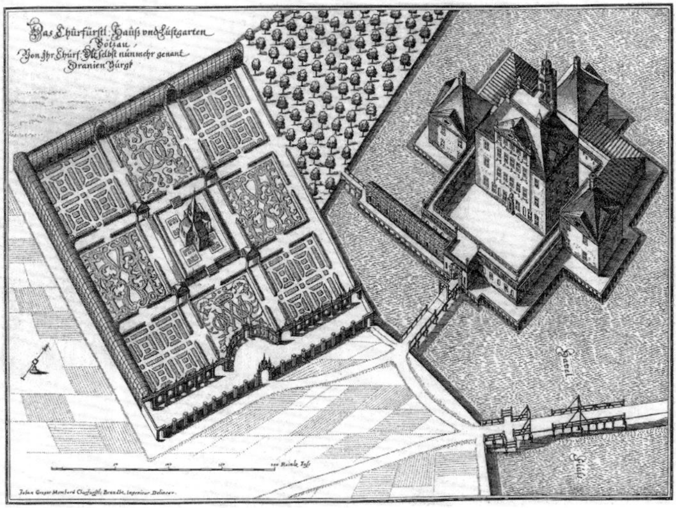


In den Niederlanden hatte die Gartenkunst eine lange Tradition. Als sie den Schlosspark von Oranienburg anlegen ließ, stützte sich Luise Henriette daher auf die Vorschläge ihrer fachkundigen Landsleute. Nach niederländischem Vorbild wurde die fast quadratische Anlage von einer Mauer umgeben und streng geometrisch gegliedert. – Kupferstich von Matthäus Merian, 1652.

Anfangs war das gar nicht so leicht, wie ein Originalbrief von Luise Henriette beweist, der gleichzeitig als interessantes Beispiel für ihre mangelhaften Deutschkenntnisse dient: »Genedigster Corvorst, Igh bit om vertsioung, das es neuy jar sig so slegt instelt, aber dey oursag is vons grose uaser das igh kleyne intrade von oranienburg bekomen hab, igh vil hofen es wirt oufs ender jahr besser geyn, meyn genedigster Corvorst mous es herts vor dey gab enemen, das uirt alseyt bestentig bliben als euer ondedengenyde magt uon oranienburg – Luise«. – »Übersetzt« heißt das: »Gnädigster Kurfürst! Ich bitte um Verzeihung, dass sich das neue Jahr so schlecht einstellt, aber die Ursache ist das große Wasser, sodass ich nur kleine Erträge von Oranienburg bekommen habe. Ich will hoffen, dass es im nächsten Jahr besser wird, mein gnädiger Kurfürst muss das Herz für die Gabe nehmen, das wird allzeit beständig bleiben als Eure untertänigste Magd von Oranienburg – Luise«

Trotz der förmlichen Formulierungen, die damals so üblich waren, spürt man die innige Vertrautheit, die das Kurfürstenpaar miteinander verband. Doch noch immer wartete man vergebens auf Nachwuchs. Der Kuraufenthalt in Aachen hatte zunächst nicht das gewünschte Ergebnis erzielt. Doch endlich, nach fast achtjähriger Ehe, wurden Luise Henriettes inbrünstige Gebete doch noch erhört.

# Allzu kurzes Familienglück

## Die Geburt des Kurprinzen

Seit ihrer Hochzeit im November 1646 hatte Luise Henriette schon mehrmals ein Kind erwartet und stets auf einen glücklichen Verlauf gehofft. Vergebens. Immer wieder endeten ihre Schwangerschaften schon früh mit einer Fehlgeburt. Das einzige Kind, das sie geboren hatte, wurde ihr schon bald wieder genommen. Fast hatte sie die Hoffnung aufgegeben, doch noch einen gesunden Sohn zur Welt zu bringen. So konnte sie sich auch nicht wirklich freuen, als sie im Sommer 1654 erneut die eindeutigen Anzeichen einer Schwangerschaft verspürte. Würden all ihre Hoffnungen auch diesmal in Enttäuschung und Verzweiflung enden?

Aber es ging alles gut. Endlich, so schien es, habe Gott ihre Gebete erhört. Am 16. Februar 1655 – nach dem gregorianischen Kalender, der 1582 eingeführt wurde, von den meisten protestantischen Ländern aber zunächst abgelehnt wurde –, pünktlich zum 35. Geburtstag des Kurfürsten, brachte Luise Henriette im Berliner Schloss den lang ersehnten (mutmaßlichen) Thronerben zur Welt, Kurprinz Karl Emil. Die ganze Familie war überglücklich, einschließlich der Oranierin Amalie, die eigens an die Spree gereist war, um ihrer Tochter bei Geburt und Wochenbett beizustehen. Luise Henriette selbst war ihrem Gott unendlich dankbar. Das geht auch aus einem Brief hervor, den sie wenig später an ihren Cousin Christian Albrecht von Dohna (Sohn einer Schwester ihrer Mutter), General im Dienste Brandenburgs, schrieb: »Ich hoffe, dass all die guten Wünsche dieses Kind begleiten möchten, dass Gott es durch seine Gnade leben lassen möge und es zu einem Pfeiler seiner Kirche mache. Ich hoffe, dass es ein Mensch nach seinem Willen sein möge.«

Eigentlich war zu erwarten gewesen, dass die Geburt des gesunden Sohnes, die Luise Henriette zunächst mit großer Freude und tiefer Dankbarkeit erfüllt hatte, ihr auch längerfristig mehr Leichtigkeit und Lebensfreude verschafft hätte. Schließlich war eine große Last von ihr abgefallen, zumal sie alle Gerüchte über Unfruchtbarkeit endlich zum Verstummen gebracht hatte. Aber die Kurfürstin konnte ihr Glück nicht unbeschwert genießen. Zu tief saß die Angst, dass Gott ihr auch dieses Kind schon bald wieder nehmen würde. Die Schwermut wollte einfach nicht weichen. Um Gott gnädig zu stimmen, wollte sie in Zukunft noch frommer und demütiger leben. Weil Karl Emil an einem Dienstag zur Welt gekommen war, machte sie diesen Wochentag von nun an zu ihrem persönlichen Buß- und Bettag. Der Dienstag war maßgeblich ihrem Seelenheil gewidmet. Sie aß und trank nur das Nötigste und ließ bereits am Vormittag den Hofprediger kommen, um mit ihm zu beten und theologische Fragen zu besprechen. Am Nachmittag erfüllte sie ihre Pflichten als Kurfürstin, empfing Gäste, nahm an Unterredungen teil oder schrieb Briefe an ihre Angehörigen. Jedwede Lustbarkeiten waren an diesem Tag jedoch tabu, das galt für Musik und Tanz ebenso wie für die üblichen Ausritte mit dem Kurfürsten.

Dabei waren Luise Henriettes Sorgen völlig umsonst. Der kleine Karl Emil entwickelte sich prächtig und wurde genau der Sohn, den sich vor allem der Kurfürst immer gewünscht hatte: gesund und robust, klug und unkompliziert – lauter Eigenschaften, die aus ihm später einen guten Soldaten und Landesherrn machen sollten.

## Unruheherd Schweden

Doch wirklich ungetrübt konnten Luise Henriette und Friedrich Wilhelm ihr neues Familienglück nicht genießen. Nach

Jahren des Friedens, in denen auch der Wiederaufbau Brandenburgs allmählich Fortschritte machte, zogen am Himmel neue Kriegswolken auf. Ihr Verursacher war Schweden, genauer gesagt seine Königin Christine (1626–1689), seinerzeit die Favoritin Friedrich Wilhelms.

Die einzige Tochter Gustav Adolfs, der im Dreißigjährigen Krieg 1632 bei Lützen gefallen war, hatte von ihrem Vater die Krone geerbt. Weil sie zu diesem Zeitpunkt noch minderjährig war, übernahm ein Vormundschaftsrat die Regentschaft und bereitete das junge Mädchen sorgfältig auf seine neuen Aufgaben vor. 1644 trat die 18-jährige Christine schließlich die Regierung an.

Die junge Königin, die eine große Leidenschaft für Kunst, Kultur und Wissenschaft hatte, machte den Stockholmer Hof zu einem Treffpunkt renommierter europäischer Gelehrter, zu denen unter anderen der Philosoph René Descartes gehörte. Gleichzeitig hatte sie große Freude daran, ihr Schloss repräsentativ auszustatten, wertvolle Gemälde aufzukaufen sowie eine Antiken- und Münzsammlung anzulegen. Voller Bewunderung sprachen viele von der »schwedischen Pallas« oder der »Sybille des Nordens«.

Doch das beschränkte sich nur auf die eher wohlhabenden Intellektuellen. Das schwedische Volk hingegen murrte über die »Verschleuderung« von Steuergeldern. Immer wieder kam es im Land zu Aufständen, bis Christine schließlich die Lust am Regieren verging. Nach zehn Jahren entschloss sie sich 1654, die Krone niederzulegen, um sich künftig ausschließlich ihren Privatinteressen zu widmen. Wie weit sie sich von ihrem Volk entfernt hatte, zeigt auch der Wandel ihrer religiösen Überzeugung, der die Lutheranerin schließlich bewog, zum Katholizismus überzutreten. Von allen lästigen Pflichten befreit, reiste Christine nun kreuz und quer durch Europa und verbrachte ihre letzten Lebensjahre in Rom, wo sie erneut einen Kreis von Künstlern und Gelehrten um sich scharte. Hier starb sie am 19. April 1689 im Alter von 62 Jahren.

Nach Christines Abdankung 1654 bestieg ihr Vetter, Karl Gustav aus dem Hause Pfalz-Zweibrücken (1622–1660), den schwedischen Thron. Seine Mutter Katharina war eine geborene Wasa, Tochter Karls IX. Schwedens neuer König Karl X. hatte keine leichte Aufgabe übernommen, denn die Unruhen dauerten an. Um von den inneren Problemen seines Landes abzulenken, entschloss er sich zu einem außenpolitischen Unternehmen, das gleichzeitig seine Untertanen enger zusammenschweißen sollte: Krieg mit Polen, auf das Schweden schon länger Ansprüche erhob.

1572 war in Polen das Wahlkönigtum eingeführt worden. So hatten die polnischen und litauischen Stände nach dem Tod ihres Königs Stefan Bartory 1586 Sigismund (Zygmund III.) Wasa (1566–1632) zum neuen König gewählt, einen Sohn Johanns III. von Schweden, der mit einer polnischen Königstochter verheiratet war. 1592 wollte Zygmund eigentlich auch den schwedischen Thron besteigen, konnte sich gegen seinen Onkel Karl IX. (1550–1611) aber doch nicht durchsetzen. Seitdem waren Schweden und Polen Rivalen. Inzwischen war Polen von den dynastischen Auseinandersetzungen geschwächt – ein Umstand, den sich Schwedens neuer König Karl X. zunutze machen wollte. 1655 fiel er mit seinen Truppen dort ein.

Das sorgte auch in Berlin für erhebliche Unruhe. Wie sollte sich Friedrich Wilhelm in diesem Konflikt verhalten? Der Kurfürst saß gewissermaßen zwischen zwei Stühlen: Zum einen waren die protestantischen Schweden Glaubensbrüder, auch wenn sie – wie die Brandenburger – Lutheraner waren. Zum anderen aber besaß Brandenburg mit Preußen ein polnisches Lehen. Eigentlich hatte Friedrich Wilhelm seinem Lehnsherrn, dem König von Polen, den Treueid geschworen, allerdings schon damals den Wunsch verspürt, die lästige Lehnsherrschaft früher oder später abzuschütteln. Diese Gelegenheit schien günstig, zumal mit Johann II. Kasimir (1609–1672), einem Sohn Zygmunds III., ein ausgesprochen schwacher Herrscher auf dem polnischen Thron saß. Das sprach für ein Bündnis mit Schweden. Wenn Friedrich Wilhelm Glück hatte, könnte er sogar zwei Fliegen mit einer Klappe schlagen: sowohl die Lehnsherrschaft abschütteln als auch mit Vorpommern den erwünschten Zugang zur Ostsee erhalten. Aber zunächst galt es die weitere Entwicklung abzuwarten.

## Eine weitere starke Frau: Polens Königin Luisa Maria

Anfangs sah alles nach einem blitzartigen Sieg Schwedens aus. Als Karl X. 1655 in Polen einfiel, flüchtete Johann II. Kasimir umgehend aus Warschau und verschanzte sich im sicheren Schlesien, das seit 1526 zum Habsburgerreich gehörte. Doch nun ergriff seine Gemahlin das Zepter: Königin Luisa Maria (1611–1667) aus dem italienischen Adelsgeschlecht Gonzaga, eine ausgesprochen resolute Dame. Sie bekundete nun, Polens Schicksal selbst in die Hand zu nehmen und ihr Land gegen den schwedischen Aggressor zu verteidigen.

Maria Luisa war eine bemerkenswerte Persönlichkeit, für Luise Henriette und Friedrich Wilhelm übrigens keine Unbekannte: Sie kannten sie zumindest aus Erzählungen. Elisabeth von der Pfalz, die Freundin des Kurfürstenpaares, hatte nämlich einen Bruder namens Eduard (1625–1663), der in Paris lebte. Er war mit Anna Gonzaga verheiratet, der jüngeren Schwester von Maria Luisa. Geboren und aufgewachsen in Frankreich hatte Maria Luisa in jungen Jahren zur Elite der Pariser Gesellschaft gehört und galt auf dem aristokratischen Heiratsmarkt als begehrte Kandidatin. Allerdings war sie bereits 35 Jahre alt, als sie 1646 mit Polens König Wladislaw IV. Wasa vor den Traualtar trat. Doch der Gemahl starb nur zwei Jahre später.

Die noch vergleichsweise junge Witwe hatte aber wenig Lust, sich untätig auf ihren Alterssitz zurückzuziehen, denn inzwischen hatte sie großen Gefallen an königlicher Macht und Repräsentation gefunden. So zögerte sie nicht lange und heiratete 1649 den Bruder des Verstorbenen, ihren Schwager Johann II. Kasimir, Polens neuen König. Der polnische Thron war eigentlich niemals dessen Traum gewesen, denn er hatte sich für die geistliche Laufbahn als Jesuitenpater entschieden. Nun aber war es doch so gekommen.

Wie nicht anders zu erwarten, wurde er ein ausgesprochen schwacher König, der an politischen Dingen keinerlei Interesse hatte. Daher nahm Maria Luisa von Anfang an die Zügel in die Hand und entwickelte sich schon bald zur eigentlichen Führungskraft, wenn auch nur inoffiziell. Jetzt aber, nach der Flucht ihres Mannes, war sie es, die in Warschau allein das Sagen hatte.

## Preußen in Gefahr! – Beschwerliche Reise nach Königsberg

Während Friedrich Wilhelm in Berlin noch immer darüber nachgrübelte, auf welche Seite er sich im schwedisch-polnischen Krieg schlagen sollte, schuf Karl X. bereits Tatsachen. Nachdem schwedische Truppen im Herbst 1655 in Pommern eingetroffen waren, rückten sie weiter vor und hatten schon bald das preußische Königsberg nahezu eingeschlossen. Friedrich Wilhelm blieb also gar keine andere Wahl als seine Truppen zusammenzuziehen, um das polnische Lehen notfalls zu verteidigen. Königsberg, die dritte Residenz des Kurfürsten, durfte auf keinen Fall in die Hände der Schweden fallen! Unverzüglich stellte er seine Regimenter zusammen und marschierte in Richtung Königsberg.

Offenbar ahnte Friedrich Wilhelm bereits, dass er so schnell nicht nach Berlin zurückkehren würde. Es war daher der ausdrückliche Wunsch des Kurfürsten, Frau und Kind in dieser Zeit bei sich zu haben. Auch für Luise Henriette stand außer Frage, dass sie ihrem Gemahl folgen musste, obwohl sie – ein halbes Jahr nach der Geburt Karl Emils – erneut schwanger war.

Zunächst einmal trug sie jedoch Sorge dafür, dass ihre »Wirtschaftsunternehmen« in Berlin und Oranienburg auch während ihrer Abwesenheit reibungslos weitergeführt werden konnten. Das war nicht ganz so einfach, denn auch der treue Otto von Schwerin begleitete den Kurfürsten nach Preußen. Doch schon bald fand Luise Henriette kompetente Fachleute, die sich um ihre Besitzungen kümmerten.

Damit stand der Reise nichts mehr im Wege. Ende Oktober 1655 setzte sich der Tross in Bewegung. Der gesamte Hofstaat, 331 Personen und mehr als 400 Pferde, machte sich samt Proviant und nötiger Ausrüstung auf den beschwerlichen Weg nach Königsberg. Man hatte eine Strecke von fast 800 Kilometern zurückzulegen, und das bei kühlem und regnerischem Herbstwetter. Würde die schwangere Luise Henriette diese Strapazen unbeschadet überstehen? Wochenlang schaukelten die Kutschen über unebene Straßen, die nicht selten mit Schlamm bedeckt waren. Schier ununterbrochener Regen und heftige Stürme ließen den Tross nur langsam vorankommen. Dann begann es auch noch zu schneien. Mehr als fünf oder sechs Kilometer pro Tag waren bei diesen ungünstigen Wetterbedingungen nicht zu schaffen. Doch das war nicht das einzige Problem: Jeden Tag galt es, ein geeignetes Nachtquartier für den gesamten Hofstaat zu beschaffen, der obendrein auch noch versorgt werden musste.

Über alldem stand die Frage: Würde man es unbehelligt bis nach Königsberg schaffen oder vorher schwedischen Truppen in die Hände fallen? Doch Luise Henriette durfte ihre Angst nicht zeigen, sie kannte ihre Pflichten; da hatten persönliche Befindlichkeiten zurückzustehen. Glücklicherweise machte die anstrengende Reise dem kleinen Karl Emil keine Probleme. Allein das war für die Kurfürstin schon ein großer Trost.

Am 3. Dezember erreichte die Reisegruppe Danzig, überquerte wenig später die Weichsel und gelangte zum Frischen Haff an der Ostsee, wo Friedrich Wilhelm bereits auf die Reisegruppe wartete. Glücklich konnte er Luise Henriette und seinen kleinen Sohn in die Arme schließen, erleichtert, dass es keine Zwischenfälle gegeben hatte. Nach sechswöchigen Strapazen traf der Tross am 13. Dezember 1655 endlich in Königsberg ein. Wider Erwarten – immerhin war die Stadt knapp zwei Wochen zuvor von den Schweden eingeschlossen worden – gestaltete sich der Einzug recht festlich. Zahlreiche Menschen säumten die Straßen, um ihr Kurfürstenpaar freudig zu begrüßen. Luise Henriette war völlig erschöpft und benötigte dringend eine längere Ruhepause in ihren Gemächern im Königsberger Schloss, das für die kurfürstliche Familie für knapp zwei Jahre zu einem Zuhause werden würde.

Königsberg, 1255 vom Deutschen Ritterorden gegründet, war eine der ältesten deutschen Städte im Osten. Mit der Namensgebung ehrte die Stadt den böhmischen König Ottokar II., der den Deutschen Orden 1254 im Kampf gegen die Pruzzen unterstützt hatte. Schon bald entwickelte sich Königsberg zum politischen, wirtschaftlichen und kulturellen Zentrum der Region. Seit 1457 diente es als Residenz des Hochmeisters des Deutschen Ritterordens, war von 1525 bis 1618 Hauptsitz der preußischen Herzöge aus dem Hause Hohenzollern und seitdem Residenz der Kurfürsten von Brandenburg-Preußen.

Das Königsberger Schloss, ursprünglich eine vom Ritterorden gegründete Burg zum Schutz der Handelsmetropole und später Wahrzeichen der Hauptstadt Ostpreußens, existiert heute nicht mehr. Es brannte 1944 nach einem Luftangriff der Royal Air Force vollständig aus und wurde 1968 auf Befehl des sowjetischen Staatsoberhauptes Leonid Breschnew endgültig abgerissen.

Die Sorge um das weitere Schicksal Preußens wurde von einem privaten Schicksalsschlag überschattet. Luise Henriette, die sich mit der strapaziösen Reise wohl doch zu viel zugemutet hatte, erlitt im Januar 1656 eine weitere Fehlgeburt. Es ging ihr so schlecht, dass man um ihr Leben fürchtete. Friedrich Wilhelm war zu diesem Zeitpunkt nicht in Königsberg, sondern führte Verhandlungen außerhalb der Stadt. Als ihm Boten die traurige Nachricht überbrachten, ließ er sofort alles stehen und liegen und eilte zu Luise Henriette, die sich nach wie vor in besorgniserregendem Zustand befand. Tagelang wich er nicht von ihrer Seite, bis die Krise endlich überstanden war. Die Kurfürstin würde am Leben bleiben, auch wenn es lange dauerte, bis sie wieder vollständig genesen war.

## Auf Seite der Schweden

Nachdem Luise Henriette endlich außer Lebensgefahr war, musste sich Friedrich Wilhelm wieder dem Schicksal Preußens widmen. Noch immer war keine Entscheidung gefallen, auf welche Seite sich der Brandenburger schlagen sollte – Schweden oder Polen? Die kurfürstlichen Berater waren uneins. Sobald sich Luise Henriette wieder einigermaßen erholt hatte, suchte Friedrich Wilhelm natürlich auch das Gespräch mit seiner Frau und bewährten Ratgeberin. Sie vertrat eine eindeutige Meinung und hielt es für zwingend erforderlich, sich an die Seite Polens zu stellen. Das gebiete allein die auf Treue begründete Lehnspflicht. Doch der Kurfürst sah das anders. Er glaubte Polen bereits verloren. Nachdem der König sein Land im Stich gelassen hatte, würde es vermutlich schon in Kürze von den Schweden überrollt werden. Da würde ihm sein Treueid wohl kaum von Nutzen sein, im Gegenteil.

Damit waren die Würfel gefallen. Friedrich Wilhelm schloss ein Militärbündnis mit Schwedens König Karl X. und zog zusammen mit ihm in den Krieg gegen Polen. Es schien die richtige Entscheidung gewesen zu sein, denn aus der Schlacht bei Warschau im Juli 1656 gingen die Verbündeten trotz zahlenmäßiger Unterlegenheit als Sieger hervor. Am Abend des 30. Juli 1656 zog Friedrich Wilhelm an der Seite des Schwedenkönigs in Warschau ein, das daraufhin von den Schweden besetzt wurde. Dieser militärische Erfolg begründete den Ruf des Kurfürsten, ein guter Feldherr zu sein, und zum ersten Mal wurden auch die europäischen Nachbarn auf den Brandenburger aufmerksam.

Als Friedrich Wilhelm 1640 Kurfürst von Brandenburg-Preußen wurde, war sein Land ein politischer Zwerg im europäischen Machtgefüge. Um seinen Vorteil zu wahren, betrieb er daher eine Art „Schaukelpolitik“: Nachdem er im Ersten Nordischen Krieg zunächst ein Bündnis mit Schweden eingegangen war, wechselte er auf die Seite Polens. Dafür erhielt er 1660 im Frieden von Oliva die Souveränität über Preußen, das bis dahin unter polnischer Lehnshoheit gestanden hatte. – Gemälde (Öl auf Leinwand) von Adriaen Hannemann, um 1650 (Schloss Charlottenburg, Berlin).

Doch noch war der Krieg nicht zu Ende – der Durchbruch ließ auf sich warten. Im Umfeld des Kurfürsten mehrten sich die Stimmen, die bezweifelten, dass das Bündnis mit den Schweden wirklich die richtige Entscheidung gewesen war. Zu ihnen gehörte auch Luise Henriette, die von Anfang an davor gewarnt hatte, mit Karl X. gemeinsame Sache zu machen. Was würde geschehen, wenn Polen diesen Krieg gewann? Preußen wäre verloren, schließlich hatte man den Treueid gebrochen. Das gab Luise Henriette zu bedenken. Und überhaupt: Wollte Friedrich Wilhelm mit dem direkten Nachbarn Brandenburgs tatsächlich in dauerhafter Feindschaft leben? Luise Henriette gab sich alle Mühe, Friedrich Wilhelm von einer Wiederannäherung zu überzeugen – und stand mit dieser Ansicht keineswegs allein. Interessanterweise waren es gerade die Damen im Umfeld des Kurfürsten, die sich gegen das Bündnis mit Schweden aussprachen. Zu ihnen gehörten neben Kurfürstin Luise Henriette auch deren Schwiegermutter Elisabeth Charlotte sowie ihre Schwägerin Luise Charlotte (1617–1676), Friedrich Wilhelms ältere Schwester. Die Herzogin von Kurland hatte guten Grund, die Schweden aus tiefstem Herzen zu hassen.

## Die »Partei der Frauenzimmer«

Das baltische Kurland, das im Mittelalter zum Ordensstaat gehört hatte und heute in Lettland liegt, wurde 1561 in ein protestantisches Herzogtum unter polnischer Lehnshoheit umgewandelt. Nach dem Tod des ersten Herzogs Gotthard Kettler 1587 herrschten seine Nachkommen noch bis 1737 über Kurland, das mit der dritten Teilung Polens 1795 schließlich zu Russland kam.

Friedrich Wilhelms Schwester Luise Charlotte war seit Oktober 1645 mit Jakob Kettler verheiratet, Gotthards Enkel. Auch diese Ehe war aus rein politischen Erwägungen zustande gekommen, doch sie gestaltete sich recht glücklich. Bald war der Familiensitz Schloss Mitlau von Kinderlachen erfüllt und das Leben verlief in ruhigen Bahnen.

Das änderte sich jäh, als der schwedisch-polnische Krieg auch auf Kurland übergriff. 1655 übertraten schwedische Truppen die Grenze und zwangen Jakob zur Neutralität. Durch die Besatzung herrschte Chaos im Land, die Wirtschaft brach ein und der Geldfluss kam zum Erliegen. Herzogin Luise Charlotte sah nur eine Möglichkeit, Kurland vor dem Untergang zu bewahren: ein Zusammenschluss mit Polen und Brandenburg, um Schweden gemeinsam die Stirn zu bieten. Deshalb schrieb sie ihrem Bruder Friedrich Wilhelm mahnende Worte: »... es solle geholfen werden, dass der Kurfürst wieder ein Freund Polens werde ... Das Kurhaus hat alle Liebe und Freundschaft von der Königin von Polen empfangen.« Letztlich bot sie an, im Konflikt die Vermittlerrolle zu übernehmen.

Solche Briefe waren alles andere als ungefährlich. Die Herzogin wusste genau, dass sie bespitzelt wurde, und musste jederzeit damit rechnen, dass schwedische Spione ihre Briefe abfingen und schwarz auf weiß lesen konnten, dass sie dabei war, eine Koalition zu schmieden. Doch die aktuelle Situation ließ ihr anscheinend keine andere Wahl.

Die Mutter der Herzogin, Kurfürstin-Witwe Elisabeth Charlotte, schloss sich selbstverständlich der Ansicht ihrer Tochter an, ebenso Luise Henriette, die dem Kurfürsten von Anfang an von einem Bündnis mit Schweden abgeraten hatte. Tatsächlich wurden die Meinungen der drei Damen in Königsberg sehr ernst genommen, sodass bald alle ausländischen Gesandten vermeldeten, am Hof habe sich eine einflussreiche »Partei der Frauenzimmer« etabliert.

Ihr Hauptanliegen war der Frieden. Der Krieg konnte den Wiederaufbau Brandenburgs, der in den letzten Jahren ein wenig vorangekommen war, im Handumdrehen wieder zunichte machen. Und Kurland litt ohnehin schon an den Folgen der Militäraktion. Um einem möglichen »Damenfrieden« den Weg zu ebnen, nahmen die drei Protagonistinnen Kontakt zu

Polens Königin Luisa Maria in Warschau auf, die den Frieden nicht minder herbeisehnte.

## »Fritzchen« – Die Geburt des zweiten Sohnes

Inzwischen war die Herzogin von Kurland nach Königsberg gereist. Der Grund war nicht allein politischer Natur: Luise Henriette war erneut schwanger, und es sah so aus, als könnte sie das Kind tatsächlich austragen. Weil man ihrer Mutter Amalie den gefährlichen Weg nach Preußen nicht zumuten konnte, hatte Friedrich Wilhelm seine Schwester gebeten, seiner Frau bei der Geburt beiseite zu stehen. So ließ sich gleich »vor Ort« Politik machen.

Während die Geheimdiplomatie der »Partei der Frauenzimmer« ihren Lauf nahm, schenkte Luise Henriette am 11. Juli 1657 wieder einem Sohn das Leben, Friedrich, dem nachmaligen ersten König »in« Preußen.

Große Freude herrschte im Königsberger Schloss, denn endlich schien die Thronfolge gesichert. Allerdings zeigte sich schon bald, dass sich »Fritzchen«, wie Luise Henriette ihren Sohn zärtlich nannte, nicht so unproblematisch wie sein robuster älterer Bruder Karl Emil entwickelte. Der kleine Prinz war nicht nur zart und von schwacher Gesundheit, er litt auch an einer Rückgratverkrümmung, die ihm später bei den Berlinern den spöttisch-liebevollen Namen »der schiefe Fritz« einbringen sollte. Meist wird überliefert, eine unachtsame Kinderfrau habe den Säugling fallenlassen, sodass er sich bei dem Sturz eine schwere Rückenverletzung zuzog. Wahrscheinlicher ist, dass er von Geburt an an einer Skoliose litt, einer seitlichen Verbiegung der Wirbelsäule, die zu einer unsymmetrischen Körperhaltung führte.

So galt dem Sorgenkind Fritzchen Luise Henriettes ganz besondere Liebe und Fürsorge. Dass ausgerechnet dieser Sohn – und nicht der kerngesunde Karl Emil – den kurfürstlichen Vater eines Tages beerben würde, war zu diesem Zeitpunkt nicht zu erwarten. Am 29. Juli 1657 wurde Friedrich in der Königsberger Schlosskirche getauft.

Während sich Luise Henriette noch von den Strapazen der Geburt erholte, wurden die Bemühungen der »Partei der Frauenzimmer« belohnt: Nachdem Polen 1657 ein Bündnis mit Kaiser Ferdinand III. geschlossen hatte, kam dessen Diplomat Franz von Lisola (1613–1674) auch nach Königsberg, um den Kurfürsten von einem Separatfrieden mit Polen zu überzeugen. Friedrich Wilhelm schwankte zunächst. Es scheint indes, als habe die »Partei der Frauenzimmer« ihre Aktivitäten wieder verstärkt, um den Kurfürsten auf ihre Seite zu bringen. Doch der eigentliche Drahtzieher war natürlich Lisola. Er konnte Polens Königin Luisa Maria davon überzeugen, dass sie auf Friedrich Wilhelm zugehen musste, um einen Ausgleich mit Brandenburg zu erreichen. Es folgte ein intensiver Briefwechsel zwischen Warschau und Königsberg, in dem die Königin dem Kurfürsten ein verlockendes Angebot machte und die Souveränität Preußens in Aussicht stellte, wenn er sich von Schweden trennte.

Allmählich wurde Friedrich Wilhelm tatsächlich nachdenklich. Zudem musste er einsehen, dass er den Kaiser zwangsläufig verprellen würde, sollte er am Bündnis mit Schweden festhalten. Das wäre äußerst unklug gewesen. Letztlich war der Kurfürst tatsächlich bereit, die Seiten zu wechseln. Inwiefern die »Partei der Frauenzimmer« dazu beigetragen hat, lässt sich nicht mehr sagen. Aber auch ihre Stimme dürfte Gewicht gehabt haben.

Der Vertrag von Wehlau, der am 19. September 1657 geschlossen wurde, besiegelte den Frieden zwischen Brandenburg und Polen. Brandenburg stieg aus dem Bündnis mit Schweden aus und kämpfte künftig an der Seite Polens gegen Karl X. Der Krieg ging also weiter.

Wenig später verließ die kurfürstliche Familie die Königsberger Residenz und kehrte nach Berlin zurück. Für Friedrich Wilhelm war es freilich nur ein kurzes Intermezzo an der Spree, denn wenig später musste er erneut in den Krieg ziehen. Nachdem inzwischen auch der König von Dänemark und Norwegen Schweden den Krieg erklärt hatte, verlagerte sich der Kampfschauplatz von Polen nach Jütland. Hier befand sich auch das kurfürstliche Feldlager. Friedrich Wilhelm kämpfte jetzt an der Seite des dänischen Königs Friedrich III.

Die Trennung von ihrem Gemahl fiel Luise Henriette ausgesprochen schwer, zumal sie es gewohnt war, stets an seiner Seite zu sein. In den zwölf Jahren, die sie nun miteinander verheiratet waren, hatten sie sich kaum für längere Zeit getrennt. Die Kurfürstin überbrückte die bange Wartezeit mit zahllosen Briefen, wobei die Schreiben an Friedrich Wilhelm munter und optimistisch klangen, die an Otto von Schwerin hingegen, der den Kurfürsten nach Jütland begleitet hatte, wie gewohnt melancholisch. Dabei bat sie ihn, Friedrich Wilhelm davon zu überzeugen, sie ebenfalls ins Feldlager zu holen: »Ich will lieber alle Unannehmlichkeiten auf mich nehmen, um bei ihm zu sein, statt alle Bequemlichkeiten der Welt zu haben und ihn nicht zu sehen … Ich wünschte, dass mein Leben ihm irgendwie nützen könnte … Ich würde es gerne geben, um ihn glücklich zu machen.« Dabei hatte Friedrich Wilhelm die bisweilen kontroversen politischen Gespräche mit seiner Frau durchaus schätzen gelernt. Er musste zugeben, dass Luise Henriette über ein feines politisches Gespür verfügte und ihn mitunter auf Nuancen aufmerksam machte, die ihm sonst entgangen wären. Es kam sogar häufiger vor, dass er den Staatsrat verließ, um die Kurfürstin in ihren Gemächern aufzusuchen und ihre Meinung einzuholen. Luise Henriette hörte stets aufmerksam zu, dachte gründlich nach und legte ihm ihre Ansichten dar.

Wann immer es ging, verbrachten Friedrich Wilhelm und Luise Henriette möglichst viel Zeit miteinander, und der Kurfürst besprach mit seiner Gemahlin auch politische Themen. Meist hörte er sich ihre Ratschläge aufmerksam an, doch bisweilen ging auch sein cholerisches Temperament mit ihm durch. Einmal soll er zornig ausgerufen haben: „Regieren Sie doch selbst, Madame!" – Kupferstich eines unbekannten Künstlers, 17. Jahrhundert.

All das tat sie auf ihre ruhige und besonnene Art, die ein angenehmes Gegenstück zum cholerischen Temperament des Kurfürsten bildete. Er selbst konnte sich nämlich schlecht beherrschen und auch nicht immer aufmerksam zuhören. Einmal, so wird kolportiert, soll er Luise Henriette voller Wut seinen Kurfürstenhut vor die Füße geworfen und sie aufgefordert haben, die Regierungsgeschäfte doch selbst zu übernehmen, wenn sie immer alles besser wisse: »Einen Kopfputz«, soll er sie angebrüllt haben, »sollte ich wohl eher tragen als dies hier! Regieren Sie doch selbst, Madame!« Wenn das wirklich stimmen sollte, war es gewiss nicht ernst gemeint, zumal es der Kurfürstin stets gelang, ihren aufbrausenden Gemahl zu beschwichtigen.

Einen Blick in ihr Innerstes gewährte sie im Briefwechsel jedoch nur ihrem Vertrauten Otto von Schwerin: »Ich wünsche Euch oft her, um mich von meiner Melancholie zu befreien«, schrieb sie nach Jütland. Es ist ein Thema, das in diesen Briefen immer wiederkehrt: Luise Henriettes verzweifeltes Ringen mit ihrem Glauben, ihr ständiges Bemühen um einen gnädigen Gott. Solchen quälenden Zweifeln seiner Frau wäre Friedrich Wilhelm, der selbst voller Gottvertrauen war, wohl eher hilf- und verständnislos begegnet. Schwerin hingegen nahm sie ernst und konnte sich gut in ihr Seelenleben hineinversetzen. Er fürchtete daher ernsthaft, Luise Henriette hätte ihren Lebensmut bereits verloren. Daher schickte er ihr ein selbstverfasstes Gebet mit der Bemerkung, er habe es für jemanden geschrieben, der die Dinge der Welt schon hinter sich gelassen habe. Doch die Kurfürstin widersprach. Nein, davon sei sie noch weit entfernt, sie hänge noch mit ganzem Herzen an dieser Welt, sicherlich auch aus mütterlicher Sorge um ihre Kinder.

Gleichwohl tat der Briefwechsel Luise Henriette ausgesprochen gut, konnte sie sich doch ihre quälenden Nöte von der Seele schreiben. So wurde die Freundschaft zum verständnisvollen Oberhofmeister immer inniger. Es war nicht nur Schwerin selbst, dem sie sich tief verbunden fühlte. Auch mit seiner Frau Helene Dorothee verstand sie sich ausgezeichnet und wurde Patin, als 1658 ein kleines Mädchen das Licht der Welt erblickte, das Amalie Henriette genannt wurde.

## Auf dem Weg nach Jütland

Nach wie vor befand sich Friedrich Wilhelm in Jütland und auch das Jahr 1659 schien keinen Frieden zu bringen. Inzwischen sehnte auch er sich nach der Gesellschaft seiner Frau und bat deren Cousin Christian Albrecht zu Dohna, ihre Reise ins Feldlager nach Viborg zu organisieren, »weil Wir unsere herzvielgeliebte Gemahlin Liebden nicht länger allein lassen können und deren Gegenwart höchlich verlangen …«

Dohna tat wie geheißen, und endlich konnte sich Luise Henriette auf den 700 Kilometer langen Weg nach Jütland machen. Zu ihrem Gefolge gehörten 86 Personen, darunter auch Frau von Schwerin, die ebenfalls glücklich war, ihren Mann schon bald wieder in die Arme schließen zu können. Doch auch diese Reise im tiefsten Winter war äußerst beschwerlich. Als man in Hamburg die Elbe überqueren wollte, war der Fluss von dicken Eisschollen blockiert. So kehrte man vorerst zurück nach Mecklenburg, um auf bessere Wetterverhältnisse zu warten. Es war jedoch schwer, genügend Quartiere für die Nacht aufzutreiben, und die Unterbringung war eher primitiv. Als die Temperaturen milder wurden, zog die Reisegesellschaft weiter nach Hamburg und setzte über die Elbe, bevor es weiter in Richtung Norden ging. Erst im März 1659 war Luise Henriette endlich wieder mit ihrem Kurfürsten vereint.

Nachdem im Februar ein Großangriff Schwedens zurückgeschlagen werden konnte, herrschte nun eine etwas angespannte Ruhe. Luise Henriette, die eine Zeit voller Harmonie an der Seite ihres Gemahls verbracht hatte, musste ihn im Juni des Jahres erneut für eine Weile verlassen. Anlass war die bevorstehende Hochzeit ihrer zehn Jahre jüngeren Schwester Henriette Katharina, die am 9. Juli 1659 den Fürsten Georg II. von Anhalt-Dessau (1627–1693) heiraten würde. Die Feierlichkeiten sollten im niederländischen Groningen stattfinden. Eingefädelt hatte diese Ehe kein anderer als Kurfürst Friedrich Wilhelm, denn Georg II. stand in brandenburgischen Diensten und war ein guter Freund des Hohenzollern.

Also machte sich die Kurfürstin erneut auf den Weg, diesmal jedoch bei sommerlichen Temperaturen und eher bequem, denn sie reiste überwiegend mit dem Schiff. Als sie schließlich in Groningen ankam, wartete schon die ganze Familie, einschließlich Mutter Amalie, agil und gesund wie eh und je. Luise Henriette freute sich, alle wiederzusehen, auch wenn sie die ausgedehnten Hochzeitsfeierlichkeiten ihrer Schwester übermäßig anstrengten. Nach einer kurzen Erholungspause galt es wieder Abschied zu nehmen und zurück nach Jütland zu reisen, diesmal auf dem Landweg, weil die Kurfürstin unterwegs noch ein paar repräsentative Besuche zu absolvieren hatte. Die Trennung von Schwester und Schwager sollte ohnehin nicht allzu lange dauern, denn das neue Zuhause der beiden würde das Berliner Schloss sein.

Zu den Besuchen, die Luise Henriette unterwegs abzustatten hatte, gehörte auch die Zusammenkunft mit Herzog Georg Wilhelm von Hannover im September 1659. Vielleicht hat sie aus diesem Anlass auch dessen älteren Bruder Christian Ludwig (1622–1665) kennengelernt, Herzog von Celle und verheiratet mit Dorothea aus dem Hause Schleswig-Holstein-Sonderburg-Glücksburg. Niemand konnte zu diesem Zeitpunkt ahnen, dass sowohl Christian Ludwig als auch Luise Henriette selbst nur noch wenige Jahre leben würden. Und erst recht nicht, dass die verwitwete Dorothea einmal die zweite Gemahlin des Kurfürsten Friedrich Wilhelm von Brandenburg werden würde.

Doch noch war es nicht so weit. Noch erwartete der Kurfürst sehnlichst die Ankunft Luise Henriettes in Jütland. Lange würde der Krieg gegen Schweden nicht mehr dauern, es gab bereits einen Lichtstreifen am Horizont. Im November 1659 mussten sich die schwedischen Truppen geschlagen geben, und nach dem überraschenden Tod Karls X. im Februar 1660 begann der Rückzug. Das endgültige Ende des Zweiten Nordischen Krieges brachte der Friede von Oliva im Mai 1660, der in dem gleichnamigen Kloster vor den Toren Danzigs unterzeichnet wurde. Brandenburg-Preußen stand auf der Seite der Sieger. Zwar konnte Friedrich Wilhelm hinsichtlich Vorpommerns noch immer keinen Erfolg verbuchen, doch er erhielt – wie von Polens Königin Luisa Maria versprochen – die Souveränität über Preußen, das künftig kein polnisches Lehen mehr war.

Davon hatte der Kurfürst seit seinem Herrschaftsbeginn vor zwanzig Jahren geträumt. Heimlich musste er dafür auch Luise Henriette danken, schließlich hatte sich die »Partei der Frauenzimmer« von Anfang an für die Versöhnung mit Polen ausgesprochen.

Der glückliche Ausgang des Zweiten Nordischen Krieges hatte nicht nur die Stellung Brandenburg-Preußens im internationalen Machtgefüge gestärkt, sondern war auch innenpolitisch von Vorteil. Gegenüber den Ständen seiner verstreut liegenden Länder hatte Friedrich Wilhelm erheblich an Autorität gewonnen – unabdingbare Voraussetzung für den Ausbau zu einem absolutistischen Staat. Für den Herzog und die Herzogin von Kurland hatte der Krieg übrigens weniger erfreuliche Folgen: 1658 gerieten beide für zwei Jahre in schwedische Gefangenschaft. Als sie 1660 wieder auf freien Fuß kamen, lag Kurland wirtschaftlich am Boden und fand nicht mehr zu alter Blüte zurück.

Endlich hatte das provisorische Lagerleben in Jütland ein Ende. Doch die unaufhörlichen Strapazen hatten Luise Henriettes Gesundheit offenbar mehr geschadet, als die Kurfürstin wahrhaben wollte. Während sich Friedrich Wilhelm erst einmal nach Kleve begab, um selbstbewusst vor die Stände zu treten, entschloss seine Gemahlin sich zu einem weiteren Kuraufenthalt, diesmal in Spa, um gestärkt nach Berlin zurückkehren zu können.

## Symptome der »Schwindsucht«

Der Kuraufenthalt in Spa brachte nur vorübergehende Linderung. Luise Henriette spürte, dass sie nicht ganz gesund war. Natürlich hatten die strapaziösen Reisen bei Wind und Wetter ihre Spuren hinterlassen, doch sie benötigte jetzt immer häufiger Pausen und Phasen der Erholung. Dabei war sie doch erst 32 Jahre alt. Anders als früher war sie diesmal nicht nur völlig erschöpft, sie litt auch unter starken Schmerzen, deren Ursache man nur vermuten kann. Jedenfalls schrieb sie an Otto von Schwerin: »Ich bin oft krank gewesen, aber ich habe nie solche Schmerzen gehabt wie bei diesem Anfall. Ich hoffe, dass die Prüfungen, die Gott mir des Öfteren schickt, mich so gestalten möchten, wie er mich haben will. Ich will mein Bestes dazu tun und die Vollendung nach seiner Gnade abwarten.« Ahnte Luise Henriette, wie schlimm es um sie stand? Wusste sie womöglich, dass Fieber, hartnäckiger Husten und Schmerzen beim Atmen untrügliche Anzeichen jener Krankheit waren, die man heute Tuberkulose nennt?

Diese Infektionskrankheit ist wahrscheinlich so alt wie die Menschheit selbst. Schon der griechische Arzt Hippokrates (um 460 – um 370 v. Chr.) hat die Symptome beschrieben: »Das Fieber verlässt sie nicht, niedrig ist es am Tag, aber in der Nacht kommt es wieder auf, es kommt zu reichlichen Schweißabsonderungen, die Kranken haben Hustenreiz, und dennoch ist der Auswurf unerheblich … Die Augen liegen tief in ihren Höhlen, der Appetit geht verloren.« Im Mittelalter sah man in der Tuberkulose – wie auch in anderen Krankheiten – eine von Gott gesandte Strafe für begangene Sünden, so wie Luise Henriette noch jetzt ihr Leiden empfand. Das 17. Jahrhundert brachte die schwerste Tuberkulosewelle in der Geschichte und machte die »Schwindsucht« zur schlimmsten aller damals bekannten Seuchen.

Die Behandlungsmethoden waren aus heutiger Sicht erschreckend, denn die Medizin wurde auch in dieser Epoche noch weitgehend von der auf Hippokrates zurückgehenden Vier-Säfte-Lehre geprägt. Demnach wurden körperliches und geistiges Befinden von Schleim, Blut, schwarzer und gelber Galle bestimmt. War das Mischungsverhältnis ausgeglichen, ging es dem Menschen gut, war es gestört, so wurde er krank. Ein Übermaß an »schwarzer Galle« galt als Auslöser für Melancholie, Depressionen und andere psychische Leiden. Entsprechend musste der Arzt versuchen, ein Zuviel an den jeweiligen Körperflüssigkeiten abzuleiten, weswegen die Therapie aus Aderlass, Schröpfen sowie der Verabreichung von Brech- und Abführmitteln bestand. Das galt auch für die Tuberkulose, deren Krankheitsverlauf durch solche Maßnahmen allerdings noch verschlimmert wurde. Es handelte sich dabei um ein schleichendes Leiden, das sich über lange Zeit hinziehen konnte.

## Sorge um Oranienburg

Erst im September 1661 kam das Kurfürstenpaar zurück nach Berlin, wo inzwischen auch Luise Henriettes Schwester Henriette Katharina lebte, die nach dem Tod ihres ersten Kindes 1660 dringend Trost und Ermutigung benötigte. Wer hätte mehr Verständnis gehabt als die Kurfürstin, die das gleiche traurige Schicksal durchgestanden hatte und mehr als einmal durch ein tiefes Tal der Verzweiflung gegangen war?

Im Laufe der nächsten Jahre brachte Henriette Katharina noch weitere neun Kinder zur Welt, von denen sie drei frühzeitig zu Grabe tragen musste. Der bekannteste ihrer Söhne ist wohl der 1676 geborene Leopold, der nach dem Tod seines Vaters Georg II. 1693 neuer Fürst von Anhalt-Dessau wurde. Die meisten kennen ihn als »alten Dessauer« und guten Freund des »Soldatenkönigs« Friedrich Wilhelm I., des 1688 geborenen Enkels des Kurfürstenpaares.

Nach wie vor war Luise Henriette durch Krankheit geschwächt, aber von ihren Pflichten ließ sie sich nicht abhalten. Nach längerer Zeit konnte sie in Oranienburg endlich wieder selbst nach dem Rechten sehen, die wirtschaftlichen Fortschritte verfolgen und sich um Ausstattung und weitere Baumaßnahmen ihres Schlosses kümmern.

Doch es gab noch weitere Notwendigkeiten, wie das Wohlergehen der beiden Söhne: Bislang hatte sich Luise Henriette, wenn immer es ging, mit Unterstützung einer Hofdame selbst um die Kinder gekümmert. Doch jetzt war Kurprinz Karl Emil sieben Jahre alt und brauchte einen männlichen Erzieher, wie es der Tradition der Hohenzollern entsprach. Es bestand kein Zweifel daran, wer diese Aufgabe übernehmen sollte: Otto von Schwerin natürlich, denn zu keinem anderen hatte das Kurfürstenpaar so großes Vertrauen wie zu ihm. 1662 wurde er daher zum Hofmeister des Kurprinzen ernannt. Luise Henriette schrieb ihm: »Sie wissen, ich habe Gott gelobt, wenn er mir ein Kind schenkt, werde ich es in seiner Furcht erziehen; das ist mein großer Wunsch auf Erden. Niemand ist hierfür geeigneter als Sie.«

Das war umso beruhigender, als die politischen Umstände das Kurfürstenpaar erneut zwangen, Berlin schon bald wieder zu verlassen. In (Ost-)Preußen, das seit dem Frieden von Oliva 1660 kein polnisches Lehen mehr war, weigerten sich die Stände, Friedrich Wilhelm als neuen Landesherrn anzuerkennen. Es blieb ihm also nichts anderes übrig, als selbst nach Königsberg zu reisen und die Dinge zu klären. Und natürlich sollte Luise Henriette auch diesmal an seiner Seite sein, während die beiden Söhne unter der Obhut Otto von Schwerins in Berlin zurückblieben: »Ich lege in Eure Hände das, was mir das Liebste auf der Welt ist – meine Kinder«, schrieb die Kurfürstin. »Ihr wisst besser als ich, was ihnen gut ist, aber ich bitte Euch, dem Kleinen zu helfen und ihn lernen zu lassen.« Dass Luise Henriette nun eine weitere anstrengende Reise auf sich nehmen musste, nahm die Kurfürstin klaglos hin.

Am 15. Oktober 1662 zog das Paar in Königsberg ein. Der Aufenthalt zog sich ein Jahr lang hin. Während Friedrich Wilhelm gezwungen war, zähe Verhandlungen zu führen, galt Luise Henriettes Sorge neben ihren Kindern auch weiter dem Besitz Oranienburg. So schrieb die an Otto von Schwerin: »Was Oranienburg betrifft, so bitte ich, alles beschleunigen zu lassen … Ich bitte, schicken Sie mir noch ein Gemälde von Oranienburg, wie es gegenwärtig ist, mit der Veränderung der Tür und des unteren Hofes. Wie weit der Bau fortgeschritten und der Brunnen in der Küche gemacht worden ist, damit man das Wasser nicht mehr zu holen braucht. Meister Michel hat alles übernommen. Schreiben Sie mir, ob der Hofraum und der Gang um das Haus gepflastert worden sind. Wo sind die Karpfenteiche und wie ist überhaupt der Garten?«

Schwerin informierte die Kurfürstin zuverlässig, auch wenn die Berichte nicht immer zu ihrer Zufriedenheit ausfielen. Entsprechend lautet eine Antwort: »Ich bin sehr ungehalten, dass die Kühe in so schlechtem Zustand sind. Ich kann die Ursache nicht recht einsehen, denn im Tiergarten zu Berlin haben sie dasselbe Futter und sind sehr schön. Was den Karpfenteich betrifft, so bin ich ganz davon eingenommen und ich glaube, dass man rings herum Bäume pflanzen könnte, und ich bitte Sie, im Frühjahr noch mehr Karpfen in den großen Teich setzen zu lassen, da nicht genug darin sind …«

Friedrich Wilhelms Gespräche mit den Ständen zogen sich hin. Wie seinerzeit in Kleve war der Kurfürst auch diesmal wieder gezwungen, weitgehende Zugeständnisse zu machen, um eine Einigung zu erreichen. Nach einem Jahr war es geschafft, und im Oktober 1663 huldigten die Stände ihrem neuen Souverän aus dem Hause Hohenzollern und verzichteten künftig auf das Recht der Steuerbewilligung. Damit hatte der Kurfürst freie Hand für den Aufbau eines Stehenden Heeres, wie er es seinerzeit in den Niederlanden kennengelernt hatte. Endlich ging es wieder zurück nach Berlin.

## Die Erziehung der Söhne

In der Zwischenzeit hatte Otto von Schwerin seine Erziehungsaufgaben zur vollsten Zufriedenheit des Kurfürstenpaares erfüllt, und beide Söhne mochten ihren »Ersatzvater« auch ausgesprochen gut leiden. Dabei stand dieser vor einer großen Herausforderung, denn die Ansprüche Friedrich Wilhelms waren nicht gerade gering: Der Hofmeister sollte Karl Emil den väterlichen Instruktionen gemäß »wohlanständige Sitten,

Künste und Tugenden« beibringen, sodass er »nicht allein unserem kurfürstlichen Haus und Familie, sondern auch dem Römischen Reich und geliebten Vaterlande eine sonderbare Zierde, Leuchte und Säule« werden sollte. Dass damit auch ein gottgefälliges Leben gemeint war, muss nicht extra betont werden. Gleichwohl hatte der Kurfürst in seinen Instruktionen bestimmt, dass »wahre Gottesfurcht« das Fundament aller Tugenden sei. Sie solle daher als Richtschnur für die gesamte Erziehung gelten. Gottlose Menschen müssten vom Prinzen unbedingt ferngehalten werden. Das war auch ganz im Sinne Luise Henriettes.

Wie nicht anders zu erwarten, nahm Schwerin die ihm zugetragene Aufgabe sehr ernst. Um seinen Schützling zu »wahrer Gottesfurcht« zu erziehen, begann und endete jeder Tag für Karl Emil mit Gebet und Bibellektüre. Bis er selbst gut genug lesen konnte, las ihm Schwerin jeweils ein Kapitel aus der Heiligen Schrift vor und der Kurprinz musste den Inhalt mit eigenen Worten wiedergeben.

Nicht minder anspruchsvoll war der Sprachunterricht. An erster Stelle stand natürlich Französisch, das an allen europäischen Höfen gesprochen wurde. Die Lehrmethode, die Schwerin anwandte, erscheint recht fortschrittlich: Unter Verzicht auf ein Lehrbuch wies er die Umgebung des Kurprinzen an, ausschließlich Französisch mit ihm zu sprechen, auch wenn er zunächst noch längst nicht alles verstand. Mit der Zeit aber würde ihm die Fremdsprache »in Fleisch und Blut« übergehen, sodass er sie wie seine deutsche Muttersprache beherrschte. Es hat also den Anschein, als habe Luise Henriette mit ihren Kindern kein Französisch, sondern ihr eher eigenwilliges Deutsch gesprochen, das schriftlich vielleicht schwer zu entziffern, akustisch aber womöglich besser verständlich war.

Natürlich standen auch Geografie und Geschichte ganz oben auf dem Stundenplan, schließlich musste sich Karl Emil mit Vergangenheit und Gegenwart Brandenburg-Preußens sowie dem Aufstieg der Hohenzollern allmählich vertraut machen. Zu den bevorzugten Unterrichtsmaterialen dienten neben Globus und Landkarten auch die Porträts seiner Vorfahren sowohl aus dem Haus der Hohenzollern als auch der Oranier.

Nicht minder wichtig war die körperliche Ertüchtigung, schließlich sollte der Kurprinz später einmal als ausdauernder Soldat und Heerführer in Gefechten und Manövern seinen Mann stehen können. Dazu musste er über eine ausgezeichnete Kondition verfügen und natürlich auch ein hervorragender Reiter sein. Aber Karl Emil schien in jeder Hinsicht zu den schönsten Hoffnungen zu berechtigen. Doch er benötigte jede Menge Disziplin, musste nicht nur ein enormes Lernpensum bewältigen, sondern sich auch damit abfinden, unter permanenter Kontrolle zu stehen. Otto von Schwerin schlief im selben Zimmer wie der Kurprinz und protokollierte sämtliche Unterrichtstermine und Lernerfolge akribisch in seinem Tagebuch.

Für Karl Emil begann der Tag im Sommer morgens um sechs, im Winter durfte er eine halbe Stunde länger schlafen. Der Unterricht fing praktisch schon unmittelbar danach an. Noch während er sich ankleidete, musste er mit seinem Erzieher französische Konversation betreiben und Fragen beantworten. Anschließend wurde gebetet, gelesen und gesungen. Erst danach durfte der Kurprinz das Frühstück einnehmen, das nur aus einer einfachen Suppe bestand. Direkt im Anschluss erschienen die verschiedenen Fachlehrer, die ihn bis elf Uhr unterrichteten. Nach einer dreistündigen Erholungs- und Mittagspause wurde der Unterricht um 14 Uhr fortgesetzt und dauerte drei weitere Stunden. Abends um neun war der Tag zu Ende und Otto von Schwerin brachte Karl Emil zu Bett.

Die Eltern waren stolz auf ihren Sohn, der nicht nur spielend leicht lernte, gesund und aufgeweckt war, sondern auch schon alle Tugenden durchschimmern ließ, die für einen künftigen Fürsten und Feldherrn unerlässlich waren.

Nicht ganz so vielversprechend entwickelte sich hingegen das inzwischen fünfjährige »Fritzchen«, nach wie vor ein ruhiger, zarter und kränklicher Knabe und Luise Henriettes »Sorgenkind«, dem ihre ganze Liebe und Fürsorge galt. Auf den Schultern des Zweitgeborenen lasteten nicht die gleichen Erwartungen wie auf Karl Emil, denn niemand konnte sich vorstellen, dass »Fritzchen« eines Tages seinen Vater beerben würde.

## Stiftung des Oranienburger Waisenhauses

Unterdessen nahmen die Kräfte der Kurfürstin zunehmend ab, auch wenn sie es nicht wahrhaben wollte und ihren Verpflichtungen so gut es ging auch weiterhin nachkam. Doch am Neujahrstag 1664 war sie noch nicht einmal in der Lage, am traditionellen Gottesdienst teilzunehmen. Als Otto von Schwerin sie zusammen mit den beiden Prinzen abholen wollte, fühlte sie sich für den Kirchgang zu schwach. Von nun an fehlte sie des Öfteren auch bei anderen Gelegenheiten.

Ausgerechnet jetzt wurde Luise Henriette erneut schwanger. Im November 1664 brachte sie im Berliner Schloss ein Zwillingspärchen zur Welt, Heinrich und Amalie, die aber beide nur wenige Wochen lebten. Doch auch diese, wie sie glaubte, ihr von Gott auferlegte Prüfung musste sie bei aller Trauer akzeptieren. Sie war mit diesem Schicksal nicht allein: Auch das zweite Kind ihrer Schwester Henriette Katharina, wieder ein Mädchen, war 1662 kurz nach der Geburt gestorben.

Der vorzeitige Tod ihrer eigenen Kinder und der ihrer beiden Nichten gemahnte Luise Henriette, endlich ein schon länger abgelegtes Gelübde zu erfüllen: Damals, als sie noch verzweifelt auf ein lebensfähiges Kind hoffte, hatte sie den Vorsatz gefasst, ein Waisenhaus zu gründen, um elternlosen Kindern wenigstens ein sicheres Zuhause zu bieten: »So haben Wir zu der Zeit, da Wir Gott den Allerhöchsten und eben an diesem Ort herzlich um einen so lange verweilten Ehesegen anrufen, der uns gnädig erhöret hat und dem Wir davon nebst all unseren Nachkommen ewig Lob und Dank sagen wollen … Als Wir uns nun vornehmlich erinnert, wie Gott der Herr selbst einen

Vater, einen Helfer und einen Beistand der Waisen zu sein verheißte und allen und jeden befiehlt, dieselben gebührlich zu verpflegen … und Wir dagegen spüren, wie gar wenig solcher Befehl in Handhabung armer verlassener Waisen in acht genommen wird …«

Schon längst hatte Luise Henriette ihr Gelübde erfüllen wollen. Doch kurz nach der Geburt des Kurprinzen 1655 war bekanntlich der Nordische Krieg ausgebrochen, der eine längere Abwesenheit aus Berlin mit sich gebracht hatte. Erst allmählich war im Leben der Kurfürstenfamilie wieder so etwas wie Ruhe eingekehrt. Nun aber war es soweit. Im Herbst 1665 unterzeichnete Luise Henriette die Stiftungsurkunde für ein Waisenhaus in »ihrem« Oranienburg, eine Einrichtung, in der künftig zwölf Jungen und zwölf Mädchen reformierten Glaubens leben sollten.

Waisenhäuser waren bis dahin üblicherweise eher Verwahranstalten gewesen, in denen die Kinder mit dem Lebensnotwendigen – Essen, Trinken, Kleidung – versorgt und später in eine ungewisse Zukunft entlassen wurden. Das war in Oranienburg gänzlich anders. Aus den Richtlinien der Stiftungsurkunde ist eine völlig neue pädagogische Herangehensweise ersichtlich, wobei neben der üblichen Betreuung auch Erziehung, Ausbildung und Förderung im Vordergrund standen. Jedes der Kinder erhielt nicht nur eine »angemessene« Schulausbildung. Alle Jungen erlernten nach Konfirmation und Schulabschluss zudem ein nützliches Handwerk, um später sich und ihre Familie ernähren zu können. Für die Mädchen war eine hauswirtschaftliche Ausbildung vorgesehen, sodass sie sich mit siebzehn oder achtzehn Jahren eine Anstellung als Dienstmagd suchen konnten. Weil aber vorauszusehen war, dass die jungen Frauen früher oder später heiraten würden, wurde für sie auch eine Aussteuer von zwanzig Talern bereitgestellt.

Zum Gesamtkomplex gehörten mehrere Wirtschaftsgebäude wie Waschstube, Back- und Brauhaus. Das Gebäude des Waisenhauses an der Havelstraße 29 in Oranienburg existiert noch heute, allerdings nicht mehr im ursprünglichen Zustand. Der eigentliche Bau im Stil des niederländischen Frühbarocks wurde bereits 1671 bei einem Stadtbrand zerstört und 1675 neu errichtet. Seine heutige Form erhielt er 1912 mit einem zweigeschossigen Backsteinanbau. Noch bis in die 1920er-Jahre war in dem Gebäude ein Waisenhaus untergebracht; heute befindet sich hier das Oranienburger Gesundheitsamt. Trotzdem erinnert noch so manches an die kurfürstliche Stifterin Luise Henriette. An der Frontseite des Gebäudes sind auf den Rundbogenblenden über den Fenstern ihre Initialen angebracht und das in der Mittelachse befindliche Oberlichtportal wird von einem von Löwen gehaltenen Oranier-Wappen gekrönt.

## Ein Erzieher für Fritzchen

Doch Luise Henriettes größte Aufmerksamkeit galt nach wie vor ihren eigenen Kindern, die nun allmählich heranwuchsen. Inzwischen war auch »Fritzchen« in das Alter gekommen, in dem er einen männlichen Erzieher erhielt. Bislang hatte sich bekanntlich Otto von Schwerin um den kleinen Prinzen gekümmert, doch nun entschied sich der Kurfürst für den aus Westfalen stammenden Eberhard von Danckelmann (1643–1722). Der begabte Jurist und Diplomat war erst 21 Jahre alt, als er in brandenburgisch-preußische Dienste trat. Ob Luise Henriette mit der Wahl ihres Gemahls einverstanden war, dürfte zumindest bezweifelt werden. Sie wünschte sich für das schüchterne, sensible und ängstliche »Fritzchen« einen einfühlsamen Lehrer, der einen freundlichen und verständnisvollen Umgang mit ihrem Kind pflegte. In Erziehungsfragen galt für die Kurfürstin seit jeher die Maxime: »Sanftheit ist die beste Methode, um Kinder zu gewinnen.«

Danckelmann entsprach so ganz und gar nicht Luise Henriettes Idealvorstellung. Nach zeitgenössischem Urteil war er nicht nur ein ausgesprochen ernster und verschlossener Calvinist, sondern auch streng, schroff und bisweilen jäh aufbrausend. Statt seinen Schützling durch »Sanftheit« zum Lernen zu motivieren, praktizierte er das genaue Gegenteil, was die Kurfürstin bitter beklagte. Als der kleine Friedrich nicht die gleichen Fortschritte machte wie der ältere Karl Emil, zwang ihn Danckelmann zu Schreibübungen wie: »Bruder und ich wollen gelehrte Prinzen werden. Aber Fritz wird ein Esel bleiben.« Ob es ihm damit tatsächlich gelang, den Ehrgeiz des Jungen zu wecken, sei dahingestellt.

Ihrem alten Vertrauten Otto von Schwerin konnte Luise Henriette ihr Herz ausschütten: »Ich muss Euch sagen, dass es Personen gibt, die mir gesagt haben, dass Herr Danckelmann Fritzchen während seiner Studien sehr anfährt – Personen, welche es selber gehört haben. Ich gestehe, dies ist eine Sache, die mir sehr zuwider ist, denn es ist ein Kind von guter natürlicher Eigenschaft und sehr schüchtern. Dies könnte seiner Gesundheit und seinem Geiste schaden tun. Ich bitte Euch, dies nicht zu dulden und ihm zu bezeigen, dass es mir nicht angenehm ist. Ich glaube, dass seine Absicht gut ist, welche möchte, dass er viel wüsste, aber er weiß für sein Alter genug und Sanftheit ist die beste Methode, um Kinder zu gewinnen.«

Und trotzdem muss es Danckelmann irgendwie geschafft haben, ins Innere des kleinen Prinzen vorzudringen und sein Vertrauen zu gewinnen. Vermutlich hat Friedrich instinktiv gespürt, dass sich hinter der »harten Schale« seines Erziehers ein Mensch verbarg, der es im Grunde genommen nur gut mit ihm meinte und das Beste aus ihm herausholen wollte. Das wurde besonders nach dem frühen Tod seiner Mutter deutlich, durch den Friedrich seine wichtigste Bezugsperson verloren hatte. Sein energischer Vater hatte für den eher schwächlichen Sohn nur wenig übrig und bevorzugte ganz offen den robusten Karl Emil. Friedrich hatte also gar keine andere Wahl, als in Danckelmann seinen »Ersatzvater« zu sehen und ihn auch später zu seinem Mentor zu machen. Als er nämlich 1688 Kurfürst von Brandenburg-Preußen wurde, berief er Danckelmann als engsten Vertrauten an die oberste Spitze der Regierung und machte ihn damit zum leitenden Minister. Das aber hat Luise Henriette nicht mehr erlebt.

## Ein letztes Mal in Kleve

Nachdem sich Kurfürst Friedrich Wilhelm in den letzten Jahren verstärkt um die inneren Angelegenheiten seines Landes kümmern konnte, traten nun wieder außenpolitische Fragen in den Vordergrund. Frankreichs junger König Ludwig XIV. (1638–1715), seit 1661 Alleinregent, schickte sich an, seinen Einflussbereich weiter auszudehnen und die Hegemonie in Europa zu erringen. Dabei richtete sich sein Augenmerk auf die Spanischen Niederlande, auf die er als Ehemann einer spanischen Prinzessin – Maria Teresa (1638–1683) – äußerst fragwürdige Ansprüche erhob. Er hatte den Kurfürsten wissen lassen, dass er ihn bei diesem Vorhaben gern an seiner Seite sehen würde.

Friedrich Wilhelm wiederum hatte signalisiert, er sei bereit, einen französischen Gesandten in Kleve zu empfangen, und ließ Vorbereitungen für die Reise treffen. Natürlich musste ihn Luise Henriette begleiten, obwohl die 38-Jährige wieder ein Kind erwartete und weiter unter gesundheitlichen Problemen litt. Doch für die Kurfürstin war es eine gute Gelegenheit, endlich ihre Mutter wiederzutreffen, die sie seit der Hochzeit ihrer Schwester Henriette Katharina 1659 nicht mehr gesehen hatte. Außerdem freute sie sich, dass die beiden Söhne sowie Otto von Schwerin mit an den Niederrhein kommen würden.

Die Reise nach Kleve im Frühjahr 1666 verlief ohne weitere Besonderheiten. Dort angekommen, gönnte sich die schwangere Luise Henriette erst einmal eine längere Ruhepause. Die Gespräche des Kurfürsten mit dem französischen Gesandten blieben ohne Ergebnisse, zumal Friedrich Wilhelm nicht bereit war, an der Seite Ludwigs XIV. ein unkalkulierbares Risiko einzugehen.

Das Leben nahm seinen gewohnten Gang. Beide Söhne wurden von Otto von Schwerin unterrichtet, der das kleine »Fritzchen« auch nach Utrecht begleitete, wo das Kind aufgrund der Schmerzen, die seine verkrümmte Wirbelsäule verursachte, von einem bekannten Arzt behandelt wurde. Doch das spezielle Korsett, das man daraufhin für den Prinzen anfertigen ließ, brachte keine nennenswerte Linderung seiner Beschwerden.

Am 8. Juli 1666 brachte Luise Henriette in Kleve ihr letztes Kind zur Welt. Es war wieder ein Sohn, der auf den Namen Ludwig getauft wurde. Zwar hatte die Kurfürstin die Geburt gut überstanden, war aber nicht wirklich wieder zu Kräften gekommen. Trotzdem wollte sie wie geplant ihre Mutter im Haag besuchen, um am 31. August deren 64. Geburtstag zu feiern, was wie üblich in großem Rahmen geschah. Nur wenige Wochen später stand ein weiteres Fest ins Haus: die Hochzeit ihrer jüngsten Schwester Marie Henrietta, die am 23. September mit dem Pfalzgrafen Ludwig Heinrich Moritz von Simmern vor den Traualtar trat.

Luise Henriette nahm an all diesen Festlichkeiten teil, doch sie hatte ihre Kräfte überschätzt. Als sich Friedrich Wilhelm zusammen mit den Söhnen auf den Weg zurück nach Berlin machte, musste die Kurfürstin in Kleve zurückbleiben, um sich ein wenig zu erholen. Aber sie versprach, so bald wie möglich nachzukommen. Allerdings wollte sie die Wartezeit lieber bei ihrer Mutter verbringen – vielleicht weil sie bereits ahnte, dass sie Amalie sonst nicht mehr wiedersehen würde.

Weil Friedrich Wilhelm klar erkannte, in welch besorgniserregendem Zustand sich seine Frau befand, hielt er es für undenkbar, dass Luise Henriette mit der unbequemen Kutsche reiste. Stattdessen organisierte er ein niederländisches Schiff, das sie in Kleve abholte und bequem bis nach Delft brachte. Von dort aus legte sie die wenigen restlichen Kilometer auf dem Landweg zurück.

Luise Henriette ließ sich nicht anmerken, wie elend sie sich in Wirklichkeit fühlte. Regelmäßig korrespondierte sie mit

Nach dem frühen Tod ihres Erstgeborenen hoffte das Kurprinzenpaar lange Zeit vergeblich auf Nachwuchs. Erst 1655 kam der (mutmaßliche) Thronfolger zur Welt, Karl Emil. Zwei Jahre später wurde Friedrich geboren, der einmal Kurfürst und König „in“ Preußen werden würde. Sowohl Karl Emil als auch der 1666 geborene Ludwig starben noch in jungen Jahren. – Gemälde (Öl auf Leinwand) von Jan Mytens, 17. Jahrhundert (Park Sanssouci, Neues Palais, Berlin).

Berlin und freute sich über die Bilder, die ihr Otto von Schwerin von ihren Söhnen schickte. Sie dankte ihm herzlich und antwortete: »Nur wünschte ich, bald die Originale zu sehen.« Aber ihr Gesundheitszustand ließ eine solche weite Reise nicht zu. Die Wintermonate würde sie in Den Haag verbringen müssen.

Doch spätestens zu Jahresbeginn 1667 war klar, dass Luise Henriette nicht mehr lange zu leben hatte. Gequält von Fieber und hartnäckigem Husten wurde sie immer schwächer, hatte keinen Appetit mehr und nur noch den Wunsch, die Kinder und den Kurfürsten wiederzusehen. Sie musste aber noch bis zum April warten. Erst dann hatten sich die Wetterverhältnisse so weit gebessert, dass die Schwerkranke die lange Reise antreten konnte. Doch es war beschwerlich genug: Bereits in Duisburg musste eine mehrtägige Pause eingelegt werden, weil Luise Henriette unter starkem Fieber litt. Kaum jemand aus ihrem Umfeld glaubte ernsthaft, dass sie es noch bis Berlin schaffen würde. Aber der unbedingte Wunsch, wieder bei ihrem Mann und den Söhnen zu sein, gab ihr offenbar die nötige Kraft, weiter gegen ihre todbringende Krankheit anzukämpfen. Langsam ging die Reise weiter.

Inzwischen hatte man den Kurfürsten über den kritischen Zustand seiner Gemahlin informiert. Friedrich Wilhelm brach daraufhin unverzüglich auf und fuhr nach Halberstadt, wo er Luise Henriette schließlich in die Arme schließen konnte. Er hatte sogar eine Sänfte mitgebracht, damit sie die letzte Etappe über holprige Wege nicht in der Kutsche zurücklegen musste. Doch alle liebevolle Fürsorge war vergebens.

Als man endlich in Berlin ankam, war Luise Henriette bereits vom Tod gezeichnet, doch sie sah ihrem Ende gefasst entgegen: »Ich fühle Gottes Gnade«, soll sie gesagt haben. »Ich habe Gott gefürchtet und ihm gedient in Schwachheit, doch von ganzem Herzen. Solches lässt mich Gott genießen. Ich habe reichen Trost in meinem Herzen.«

Während Friedrich Wilhelm in den nächsten Tagen nicht mehr von ihrer Seite wich, sollten die Söhne so lang wie möglich ihren »normalen Alltag« beibehalten. Doch als es am 18. Juni 1667 mit Luise Henriette zu Ende ging, holte man die Kinder an ihr Sterbebett. Die letzten Stunden hat ihre Kammerfrau Anna Martitz in ihren Aufzeichnungen festgehalten: »Die Kurfürstin fühlte ihr nahes Ende und ließ die Prinzen holen, von denen sie Abschied nahm und segnete sie, welches schmerzlich und erbärmlich mitanzusehen und zu hören war. Ein jeder war mit Tränen überhäuft. Prinz Friedrich schrie so erschrecklich und bat die Frau Hofmeisterin, sie solle doch retten, dass seine Mama nicht stürbe … Der Kurprinz war auch sehr elendig, aber das liebe Prinzchen Ludwig lachte, wie es sah alle Menschen so weinen … Wie man nun sah, dass die Lebenshoffnung dahin war, wollte jeder in Tränen zerschmelzen. Mein gnädigster Herr fiel noch auf ihr Gesicht und küsste sie noch, da tat sie noch einmal die Augen auf und holte noch einmal Atem.« Dann war es vorbei. Kurfürstin Luise Henriette wurde nur 39 Jahre alt. Frau Martitz fand in ihrer Trauer die passenden Worte: »Wir haben verloren, was wir auf dieser Welt nicht wiederfinden.« Das empfand die ganze Familie ähnlich. In schwierigen Situationen soll Friedrich Wilhelm noch Jahre später geseufzt haben: »Ach Luise, wie fehlt mir dein Rat!«

Weil die Vorbereitungen für die aufwendigen Beisetzungsfeierlichkeiten Monate in Anspruch nahmen, konnte Luise Henriette erst am 26. November 1667 in der Hohenzollerngruft des Berliner Doms zur letzten Ruhe gebettet werden. Danach musste das Leben irgendwie weitergehen.

# Ausblick

## Kurfürstin Dorothea – Die neue Frau an Friedrich Wilhelms Seite

Bei aller Trauer um die verstorbene Luise Henriette, mit der er mehr als zwanzig Jahre lang Freud und Leid geteilt hatte, fühlte sich Friedrich Wilhelm mit 47 Jahren noch zu jung, um bis zum Lebensende Witwer zu bleiben. Er wünschte sich wieder eine Frau an seiner Seite, auch wenn er wusste, dass die seine geliebte Luise Henriette wohl kaum würde ersetzen können.

So sah er sich schon bald auf dem fürstlichen Heiratsmarkt um und wurde auf die ebenfalls verwitwete Dorothea (1636–1689) aus dem Hause Schleswig-Holstein-Sonderburg-Glücksburg aufmerksam. Seit zwei Jahren lebte sie zurückgezogen auf einem Schloss im Harz. Die 32-Jährige war in erster Ehe mit Christian Ludwig von Braunschweig-Lüneburg (1622–1665) verheiratet gewesen, doch aus dieser Ehe waren keine Kinder hervorgegangen. Dorothea stand daher in Verdacht, unfruchtbar zu sein. Dem Kurfürsten war das gleichgültig, schließlich hatte er bereits drei Söhne, sodass die Thronfolge auf jeden Fall gesichert schien. Er beauftragte seinen Vertrauten Otto von Schwerin, die Eheverhandlungen aufzunehmen und auch Luise Henriettes Mutter Amalie über das Heiratsprojekt zu informieren. Die Oranierin war alles andere als begeistert von der bevorstehenden Hochzeit ihres Schwiegersohns, musste sie aber wohl oder übel hinnehmen. Nachdem Dorothea, die ursprünglich Lutheranerin gewesen war, den reformierten Glauben angenommen hatte, heirateten Friedrich Wilhelm und sie am 14. Juni 1668 auf dem bei Magdeburg gelegenen Schloss Gröningen, das heute nicht mehr existiert.

Die neue Kurfürstin war das genaue Gegenteil der sanften und zarten Luise Henriette, körperlich und seelisch robust, energisch und durchsetzungsfähig. Verständlicherweise gestaltete sich das Verhältnis zu den drei Stiefsöhnen nicht ganz unproblematisch, denn die Prinzen vermissten die liebevolle Fürsorge ihrer Mutter.

Alle staunten, als Dorothea schon bald schwanger wurde und am 19. Mai 1669 Sohn Philipp zur Welt brachte. Dass ihre erste Ehe kinderlos geblieben war, hatte wohl nicht an ihr gelegen. In den folgenden Jahren schenkte sie dem Kurfürsten noch weitere drei Söhne sowie drei Töchter, von denen ein Mädchen frühzeitig starb.

Lange Zeit ist die (höfische) Geschichtsschreibung nicht gut mit Dorothea umgegangen, hat sie nicht nur zur »bösen Stiefmutter« abgestempelt, sondern ihr auch unterstellt, eine Giftmörderin zu sein, die den drei Söhnen von Luise Henriette nach dem Leben trachtete. Tatsächlich starb der hoffnungsvolle Kurprinz Karl Emil 1674 im Alter von nur 19 Jahren. Damit wurde Friedrich neuer Thronfolger. Sofort brodelte die Gerüchteküche: Es wurde gemunkelt, Dorothea habe den jungen Mann vergiftet, um Philipp, ihrem eigenen Sohn, den Weg zum Thron zu ebnen. Das war natürlich völliger Unsinn. Karl Emil hatte seinen kurfürstlichen Vater auf einen Feldzug nach Straßburg begleitet, und nachdem im Lager die Ruhr ausgebrochen war, erlag der junge Mann wie viele andere der tödlichen Seuche. Trotzdem misstraute man der Kurfürstin, erst recht, als auch Prinz Ludwig 1687 mit 21 Jahren verstarb. Seine Todesursache ist ebenfalls geklärt – er war nachweislich an Diphterie erkrankt.

Natürlich war Dorothea keine Giftmischerin, und dass sie ihre eigenen Kinder gut versorgt wissen wollte, ist nur allzu verständlich. Aber dazu nahm sie kein Gift in die Hand, sondern Geld: Sie erwarb für ihren Sohn Philipp die Markgrafschaft Brandenburg-Schwedt (1788 erloschen), die er 1688 nach

Nur ein Jahr nach Luise Henriettes Tod heiratete Friedrich Wilhelm ein zweites Mal. Seine neue Gemahlin war die verwitwete Dorothea, eine geborene Schleswig-Holstein-Sonderburg-Glücksburg. Sie schenkte dem Kurfürsten noch weitere Kinder, konnte Luise Henriettes Söhnen jedoch nicht die Mutter ersetzen. – Gemälde eines unbekannten Künstlers, 2. Hälfte des 17. Jahrhunderts (Residenzmuseum im Celler Schloss).

dem Tod seines Vaters erhielt, ohne jedoch eine landesfürstliche Stellung einzunehmen.

Ursprünglich hatte Schwedt zu Brandenburg gehört, doch aufgrund finanzieller Schwierigkeiten im Zusammenhang mit den Kosten für den Dreißigjährigen Krieg hatte der Kurfürst die Herrschaft für 25 000 Taler an einen schwedischen Grafen verpfändet, der sich jedoch nicht um Land und Leute kümmerte. Das war *die* Gelegenheit für Dorothea. Sie griff tief in ihre eigene Schatulle und kaufte ihm Schwedt kurzerhand ab, eine kleine Herrschaft, die aus drei Städten, drei Schlössern und mehreren Dörfern bestand.

Bis zum Tod des Kurfürsten erwies sich Dorothea als gute Landesmutter, die sich intensiv um ihren Besitz kümmerte. Auf den Grundmauern des alten Schwedter Schlosses aus dem 16. Jahrhundert ließ sie einen neuen Bau im Stil der Spätrenaissance errichten – und nicht nur das. Als zwei schwere Feuersbrünste 1681 und 1684 Schwedt in Schutt und Asche legten, sorgte sie dafür, dass die zerstörte Stadt rasch wieder aufgebaut wurde, auch um französische Glaubensflüchtlinge aufzunehmen: Nachdem Frankreichs König Ludwig XIV. 1685 das Edikt von Nantes aufgehoben hatte, das den reformierten Protestanten seit 1598 Glaubensfreiheit garantiert hatte, erließ Kurfürst Friedrich Wilhelm noch 1685 das Edikt von Potsdam. Darin forderte er die Hugenotten auf, nach Brandenburg-Preußen zu kommen, und stellte ihnen allerlei Vergünstigungen in Aussicht.

Tausende zogen daraufhin in die Mark. Von den rund 40 000 Glaubensflüchtlingen, die damals nach Deutschland kamen, nahm das Kurfürstentum Brandenburg-Preußen mit etwa 20 000 Hugenotten die meisten auf. Schwedt wurde dabei zu einem der wichtigsten Siedlungsgebiete. Auf Initiative der Kurfürstin machten sich in kurzer Zeit allein vierzig französische Familien in der Stadt ansässig, die den wirtschaftlichen Ausbau der Gegend wesentlich vorantrieben. Die Hugenotten brachten hervorragende Kenntnisse in zahlreichen handwerklichen Berufen mit, machten sich aber auch mit einem neuen Wirtschaftszweig vertraut, von dem Schwedt noch bis ins 20. Jahrhundert hinein profitieren würde: der Tabakindustrie. Das Klima der Uckermark eignete sich ganz hervorragend zum Anbau dieser Pflanze, die damals vor allem in höfischen Kreisen ausgesprochen beliebt war. Die Niederlande hatten daher schon seit 1615 den ersten aus Übersee importierten Tabak angebaut. Man rauchte ihn in der Tonpfeife oder nutzte ihn als Schnupftabak. Kunstvoll gearbeitete Schnupftabakdosen waren an Europas Höfen beliebte Geschenke. Die Menschen damals waren fest von der medizinischen Wirkung des Tabaks überzeugt, er galt als reinigend für Hals und Rachen, stand im Ruf, Kopf- und Zahnschmerzen zu vertreiben und die Menschen angeblich auch vor der Pest zu bewahren.

Kurfürstin Dorothea hatte also einen »guten Riecher« bewiesen, als sie den Anbau förderte. 1686 holte sie einen renommierten niederländischen Tabakexperten nach Brandenburg und beauftragte ihn, ihre Schwedter Neubürger im Anbau zu unterweisen. Unter den Händen der geschickten Hugenotten ging die Saat gut auf, die Pflanzen entwickelten sich prächtig und schon ein Jahr später konnte Tabak geerntet und verkauft werden. Der Anbau wurde zu einem wirtschaftlichen Schwerpunkt der Region. Erst Anfang der 1990er-Jahre wurde die Tabakproduktion unrentabel und der letzte Betrieb geschlossen.

Auch in Berlin hat Dorothea ihre Spuren hinterlassen. 1670 schenkte ihr der Kurfürst jenes Areal, das heute als Stadtteil ihren Namen trägt: Dorotheenstadt (Berlin-Mitte) rund um die Prachtallee Unter den Linden. 1680 pflanzte sie hier höchstpersönlich den ersten Baum.

Auch Dorothea blieb rund zwanzig Jahre lang an der Seite des Kurfürsten, der 1688 starb. Er hatte das Land fast ein halbes Jahrhundert lang regiert und in dieser Zeit die schlimmsten Wunden geheilt, die der Dreißigjährige Krieg Brandenburg zugefügt hatte. Doch die Bilanz war durchwachsen. Zwar war es ihm gelungen, einen verhältnismäßig zentralisierten Staat im Sinne des Absolutismus zu formen, der den Einfluss der Stände zurückdrängte und ein stehendes Heer besaß. Sein Herrschaftsgebiet hatte sich aber nicht vergrößert. Zwar verlieh man ihm nach seinem Sieg über die Schweden 1675 in der Schlacht bei Fehrbellin den populäre Namen »Großer Kurfürst«, doch ein militärisches Genie war Friedrich Wilhelm keineswegs. Weil er die Bündnispartner ganz nach Bedarf zu wechseln pflegte, hieß es in einem zeitgenössischen Flugblatt, die brandenburgische Politik leide an »Wechselfieber«. Und dennoch: Letztlich war der »Große Kurfürst« der Mann, der mit unbeugsamer Energie die Grundlagen des späteren Preußen schuf.

Dorothea überlebte den Kurfürsten lediglich um ein Jahr und starb 1689 während eines Kuraufenthalts in Karlsbad. Ihre letzte Ruhestätte fand auch sie in der Hohenzollerngruft des Berliner Doms.

Inzwischen war Luise Henriettes geliebtes »Sorgenkind« als Friedrich III. neuer Kurfürst von Brandenburg-Preußen geworden, ein Pracht liebender Barockfürst, der sich 1701 selbst zum ersten König »in« Preußen und damit auch das Werk seines Vaters krönte.

## Die Rückkehr der Oranier

Beim Tod Luise Henriettes 1667 leitete nach wie vor der Ratspensionär Jan de Witt die Geschicke der Niederlande, doch die Oranier hofften trotzdem, wieder die Führungsposition des Statthalters einnehmen zu können. Schließlich gab es im Land eine nicht zu unterschätzende Opposition, die sich für die Rückkehr der Oranier einsetzte. Außenpolitisch unterstützt wurde sie vom protestantischen England, während Frankreichs König Ludwig XIV. die Annäherung der beiden Mächte unbedingt verhindern wollte. Im April 1672 erklärte Frankreich der niederländischen Republik aus fadenscheinigen Gründen den

Krieg und marschierte zwei Monate später in die nördlichen Provinzen ein. Zunächst schien der Sieg sicher, denn jetzt begannen die Anhänger der Oranier und deren Gegner sich gegenseitig zu bekämpfen. Tumulte und Aufstände brachen aus und in der aufgehetzten Atmosphäre dieser Tage wurde Jan de Witt von einer aufgebrachten Menschenmenge ermordet.

Damit waren die Niederlande kopf- und führungslos geworden – eine Situation, die die Parteigänger der Oranier umgehend dazu nutzten, das Amt des Statthalters handstreichartig wieder einzuführen. Sie übertrugen es dem inzwischen 22-jährigen Wilhelm III., einem Neffen Luise Henriettes, der kurz nach dem Tod seines Vaters das Licht der Welt erblickt hatte. Während er neue Truppen für den Kampf gegen Frankreich zusammenzog, formierte sich eine internationale anti-französische Koalition, angeführt von kaiserlichen und spanischen Truppen, der auch Kurfürst Friedrich Wilhelm beitrat. Zwar gelang es ihnen nicht ganz, den Aggressor in die Knie zu zwingen, doch immerhin konnten die Niederlande ihren Besitz wahren. Zudem begann die alte Achse London/Den Haag wieder stärker zu werden, was Wilhelm III. dadurch bekräftigte, dass er 1677 die protestantische englische Prinzessin Maria (1662–1694) aus dem Hause Stuart heiratete, die übernächste Anwärterin auf den englischen Thron. Das sollte schon bald weitreichende Folgen haben.

Noch aber war Karl II. englischer König, dem nach seinem Tod 1685 Marias Vater als Jakob II. (1633–1701) folgte. Der war allerdings zum Missfallen seiner Untertanen 1668 zum Katholizismus konvertiert, doch die Anglikaner trösteten sich damit, dass es sich nur um ein Intermezzo handelte. Schließlich würde nach seinem Ableben wieder eine Protestantin die englische Krone tragen. Doch dann geschah etwas Unvorhergesehenes: Im Juli 1688 wurde dem alternden König noch ein Sohn geboren, ebenfalls Jakob genannt. Der Knabe, der katholisch getauft wurde, rückte damit als männlicher Erbe auf Platz eins der englischen Thronfolge vor.

Zu diesem Zeitpunkt hatte sich Jakob II. schon etliche Feinde gemacht, denn seine Politik richtete sich zunehmend gegen die Anglikanische Staatskirche, hohe Posten in Staatsdienst und Armee wurden vorwiegend an Katholiken vergeben. Das protestantische England spürte die zunehmende Bedrohung seiner politischen und religiösen Unabhängigkeit, zumal der König unter dem Deckmäntelchen der Toleranz den Einfluss der Anglikaner immer weiter zurückdrängte. Schließlich verfassten sieben Bischöfe eine Petition, die sie Jakob II. am 18. Mai 1688 überreichten und ihn aufforderten, seine Position noch einmal zu überdenken.

Jakob aber dachte überhaupt nicht daran. Stattdessen stufte er das Schreiben kurzerhand als Schmähschrift ein, ließ die sieben Bischöfe wegen Volksverhetzung verhaften und in den Tower werfen. Damit war er zu weit gegangen. Nachdem das Gericht die Männer wieder freigesprochen hatte, begann sich das Blatt für den König zu wenden. Schon seit geraumer Zeit gab es auf der Insel konspirative Umtriebe. Angesichts der kritischen Situation hatte auch Jakobs Schwiegersohn, der niederländische Statthalter Wilhelm III., bereits im April 1688 signalisiert, dass er bereitstehe, England zu »befreien«. Voraussetzung sei jedoch, dass er von einflussreichen Männern schriftlich dazu aufgefordert wurde. Das geschah jetzt.

Noch am 30. Juni 1688 setzten sieben Männer – die führenden Protestanten des Landes, die man später als die »unsterblichen Sieben« bezeichnete – ein Schreiben an Wilhelm von Oranien auf. Sie luden ihn ein, die Invasion vorzubereiten.

Die geplante Aktion war freilich mit gewissen Risiken verbunden, schließlich verfügte Jakob II. nicht nur über ein stehendes Heer, er war auch eng mit Frankreichs König Ludwig XIV. befreundet. Deshalb hielt er es für ausgeschlossen, dass der Oranier die Konfrontation wagen würde.

Er sollte sich irren. Inzwischen hatten nämlich Geburt und Taufe des kleinen Prinzen Jakob das sprichwörtliche Fass zum Überlaufen gebracht, die überwiegende Mehrheit der Engländer positionierte sich klar gegen eine katholische Stuart-Dynastie, und ein Aufstand lag geradezu in der Luft.

Unterdessen wartete Wilhelm III. von Oranien nur noch auf günstige Wind- und Wetterverhältnisse, um mit seiner Flotte über den Ärmelkanal segeln zu können. Am 5. November 1688 ging er mit seinen 15.000 Mann im südenglischen Torbay vor Anker. Gleichzeitig führte Jakob II. seinem Schwiegersohn ein zahlenmäßig überlegenes Aufgebot entgegen. Doch weil Motivation und Stimmung unter seinen Soldaten eher mäßig waren und es zu etlichen Desertationen kam, verließ ihn der alte Kampfgeist. Er befahl, die Truppen aufzulösen, ergriff die Flucht und brachte sich mit Frau und Sohn im befreundeten Frankreich in Sicherheit. Damit hatte er faktisch abgedankt.

Dass Wilhelm von Oranien nun ungehindert in London einziehen konnte, war der Beginn eines Prozesses, der gemeinhin als »Glorreiche Revolution« bezeichnet wird, glorreich vor allem deshalb, weil kein einziger Tropfen Blut vergossen wurde. Damit war der Weg frei für Jakobs älteste Tochter, die am 13. Februar 1689 zusammen mit ihrem Gemahl als Maria II. inthronisiert wurde – eine bis dahin nie dagewesene Konstellation, die möglicherweise Wilhelms männlichem Stolz geschuldet war. Doch wie auch immer: Jetzt war der Oranier König von England, Schottland und Irland, einem Reich, das er in Personalunion mit den Niederlanden regierte. Doch er konnte keine neue Dynastie gründen, denn die Ehe mit Maria, die schon 1694 starb, blieb kinderlos. So bestieg nach Wilhelms Tod 1702 erneut eine Stuart den englischen Thron, Marias Schwester Anna, während in den Niederlanden erst 1747 ein neuer Statthalter eingesetzt werden konnte, Wilhelm IV. von Oranien (1711–1751), der Urenkel von Luise Henriettes Schwester Albertine Agnes. Als die Republik der Niederlande nach den Bestimmungen des Wiener Kongresses 1815 in eine Monarchie umgewandelt wurde, wurde dessen Enkel als Wilhelm I. zum ersten König gekrönt.

Heute erstrahlt Schloss Oranienburg wieder in fürstlichem Glanz. Das war nicht immer so: Als 1858 das Denkmal für Luise Henriette aufgestellt wurde, beherbergte das Schloss keine adligen Bewohner mehr. Im 19. Jahrhundert wurden die Räume stattdessen für Fabrikproduktionen und später als Lehrerseminar genutzt.

Doch zu diesem Zeitpunkt hatten die Niederlande ihren früheren Glanz, den sie zu Lebzeiten Luise Henriettes ausgestrahlt hatten, schon längst eingebüßt. Spätestens mit der »Glorreichen Revolution« war aus dem Oranier Wilhelm in erster Linie der englische König geworden – und damit ein Kontrahent Ludwigs XIV. So wurde auch die Republik der Niederlande in den Spanischen Erbfolgekrieg (1701–1714) einbezogen und hatte enorme Lasten zu tragen. Die drückenden Steuerzahlungen, die zur Finanzierung der Streitkräfte erhoben werden mussten, erwiesen sich als Gift für die niederländische Wirtschaft. Als der Krieg endlich zu Ende ging, waren die Niederlande finanziell völlig erschöpft und es gelang ihnen auch künftig nicht mehr, zu alter Größe zurückzufinden.

# Anhang

## Zeittafel Kurfürstin Luise Henriette

1477 Die Herrschaft über die Niederlande geht an das Haus Habsburg

1515 Die Niederlande werden Provinz des spanischen Habsburgerreiches

1568 Beginn des niederländischen Freiheitskampfes unter Führung von Luise Henriettes Großvater Wilhelm von Oranien (1533–1584)

1573 Wilhelm von Oranien nimmt den reformierten Glauben an

1579 Die sieben nördlichen Provinzen der Niederlande schließen sich zur Utrechter Union zusammen und sagen sich zwei Jahre später von Spanien los

1618–1648 Dreißigjähriger Krieg; mit dem Westfälischen Frieden 1648 erhalten die Vereinigten Provinzen der Niederlande ihre Unabhängigkeit

1620 16. Februar: Geburt Friedrich Wilhelms von Brandenburg

1625 Friedrich Heinrich (1584–1647), der jüngste Sohn Wilhelms von Oranien, wird Statthalter der Niederlande; im selben Jahr heiratet er Amalie von Solms-Braunfels (1602–1675)

1627 7. Dezember: Luise Henriette von Oranien wird in Den Haag geboren

1637/38 Kurprinz Friedrich Wilhelm von Brandenburg verbringt mehrere Monate in den Niederlanden

1640 1. Dezember: Nach dem Tod seines Vaters Georg Wilhelm wird Friedrich Wilhelm neuer Kurfürst von Brandenburg-Preußen

1646 23. November: Luise Henriette und Friedrich Wilhelm heiraten im Binnenhof von Den Haag

1647 Nach dem Tod Friedrich Heinrichs am 14. März wird Luise Henriettes Bruder, der 1626 geborene Wilhelm, neuer Statthalter der Niederlande

1647–1649 Aufenthalt des Kurfürstenpaares in Kleve am Niederrhein, das neben Mark und Ravensberg 1614 als Erbschaft an Brandenburg gefallen ist

1648 11. Mai: Geburt des Kurprinzen Wilhelm Heinrich in Kleve

1649 20. Oktober: Tod des Kurprinzen in Wesel

1650 11. März: Einzug des Kurfürstenpaares in Berlin; 6. November: Tod des niederländischen Statthalters Wilhelm II.; es folgt eine statthalterlose Zeit, die erst 1672 endet; 27. September: Friedrich Wilhelm schenkt Luise Henriette das Dorf Bötzow, das spätere Oranienburg

| | |
|---|---|
| 1652 | Sommer: Luise Henriette fährt zur Kur nach Aachen, wo sie mit ihrer Mutter zusammentrifft |
| 1655 | 16. Februar: Geburt des Kurprinzen Karl Emil in Berlin |
| 1655–1660 | Erster Nordischer Krieg; die kurfürstliche Familie begibt sich nach Preußen, das 1618 als vorerst polnisches Lehen an Brandenburg gefallen ist; man bezieht die Residenz Königsberg |
| 1656 | Obwohl Polens König sein Lehnsherr ist, schließt Friedrich Wilhelm ein Bündnis mit Schweden und geht aus der Schlacht von Warschau im Juli als Sieger hervor |
| 1657 | 11. Juli: Geburt des Sohnes Friedrich, nachmaliger Thronfolger und König Friedrich I. »in« Preußen, in Königsberg; 19. September: Vertrag von Wehlau; Friedrich Wilhelm schließt Frieden mit Polen und steigt aus der Waffengemeinschaft mit Schweden aus; vorübergehende Rückkehr nach Berlin |
| 1659 | März: Luise Henriette folgt dem Kurfürsten ins Feldlager nach Jütland und besucht anschließend ihre Mutter in Den Haag |
| 1660 | Mai: Mit dem Frieden von Oliva endet der Erste Nordische Krieg; Friedrich Wilhelm erhält die Souveränität über Preußen, das künftig kein polnisches Lehen mehr ist |
| 1661 | September: Rückkehr des Kurfürstenpaares nach Berlin; Luise Henriette klagt über gesundheitliche Probleme |
| 1662 | Otto von Schwerin wird zum Hofmeister des Kurprinzen Karl Emil ernannt |
| 1664 | November: Luise Henriette bringt in Berlin Zwillinge zur Welt, Heinrich und Amalie, die nur wenige Wochen leben |
| 1665 | Herbst: Luise Henriette unterzeichnet die Stiftungsurkunde des Waisenhauses Oranienburg, in dem künftig zwölf Jungen und zwölf Mädchen reformierten Glaubens leben sollen; Eberhard von Danckelmann (1643–1722) wird Erzieher des Prinzen Friedrich |
| 1666 | Längerer Aufenthalt der Kurfürstenfamilie in Kleve; hier bringt Luise Henriette am 8. Juli ihr letztes Kind zur Welt, Sohn Ludwig; August: Luise Henriette reist ein letztes Mal nach Den Haag, um den Geburtstag ihrer Mutter und die Hochzeit ihrer Schwester Marie Henrietta mit dem Pfalzgrafen von Simmern zu feiern |
| 1667 | Frühjahr: Luise Henriette kehrt nach Berlin zurück, wo sie am 18. Juni im Alter von 39 Jahren verstirbt; im November findet die Beisetzung in der Hohenzollerngruft des Berliner Doms statt |
| 1668 | Kurfürst Friedrich Wilhelm heiratet in zweiter Ehe die verwitwete Dorothea von Schleswig-Holstein-Sonderburg-Glücksburg (1636–1689), die noch sieben Kinder zur Welt bringt |
| 1674 | 7. Dezember: Kurprinz Karl Emil stirbt an der Ruhr |
| 1675 | Seit seinem Sieg über Schweden in der Schlacht bei Fehrbellin trägt Friedrich Wilhelm den Namen »Großer Kurfürst« |

| | |
|---|---|
| 1687 | 8. April: Prinz Ludwig stirbt an einer Diphterie-Erkrankung |
| 1688 | 9. Mai: Kurfürst Friedrich Wilhelm stirbt in Potsdam, Nachfolger wird sein Sohn als Friedrich III. |
| 1688/89 | Im Zuge der »Glorreichen Revolution« besteigt Luise Henriettes Neffe als Wilhelm III. gemeinsam mit seiner Frau Maria II. Stuart den englischen Königsthron |
| 1689 | 6. August: Kurfürstin-Witwe Dorothea stirbt während eines Kuraufenthalts in Karlsbad |
| 1701 | 18. Januar: Kurfürst Friedrich III. krönt sich im Königsberger schloss zum König Friedrich I. »in« Preußen |

# Stammbaum

Wilhelm v. Oranien
(1533–1584)
Statthalter der Niederlande
∞ (1) Anna v. Egmont (1533–1558)
∞ (2) Anna v. Sachsen (1544–1577)
∞ (3) Charlotte v. Bourbon (1546/47–1582)
∞ (4) Luise v. Coligny (1555–1620)

(4)

Friedrich Heinrich
(1584–1647)
Statthalter der Niederlande
∞ Amalie zu Solms-Braunfels
(1602–1675)

Wilhelm II.
(1626–1650)
∞ Maria Henrietta
Stuart (1631–1660)

Wilhelm III.
(1650–1702)
∞ Maria II. Stuart
(1662–1694)

Albertine Agnes
(1634–1696)
∞ Wilhelm Friedrich
v. Nassau-Dietz
(1613–1664)

Henriette Katharina
(1637–1708)
∞ Johann Georg II.
v. Anhalt-Dessau
(1627–1693)

Marie Henrietta
(1642–1688)
∞ Ludwig Heinri
v. Simmern
(1640–1674)

**Luise Henriette**
**v. Oranien**
(1627–1667) ∞

Wilhelm
Heinrich
(1648–1649)

Karl
Emil
(1655–1674)

Friedrich I./III.
(1657–1713)
Kfst. v. Brandenburg,
Kg. in Preußen
∞ (1) Elisabeth Henriette v. Hessen-Kassel (1661–1683)
∞ (2) Sophie Charlotte v. Hannover (1668–1705)
∞ (3) Sophie Luise v. Mecklenburg-Schwerin (1685–1735)

(2)

Friedrich Wilhelm I.
(1688–1740)
»Soldatenkönig«
∞ Sophie Dorothea v. Hannover (1687–1757)

14 Kinder, darunter Wilhelmine (1709–1758),
Markgfin. v. Bayreuth, und Friedrich II. (1712–1786),
Kg. von Preußen

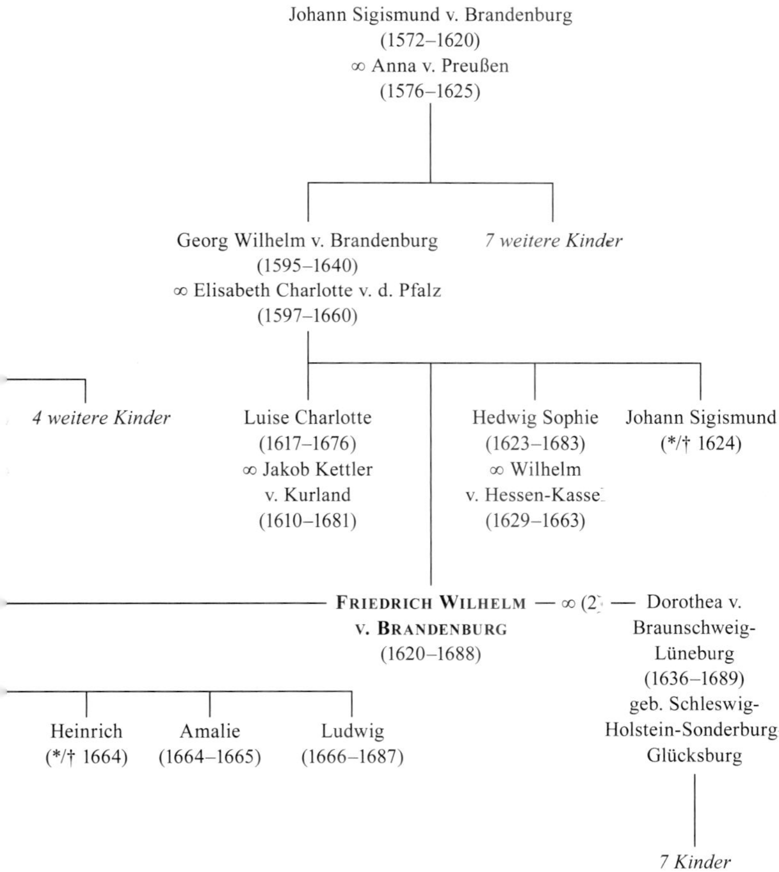
Johann Sigismund v. Brandenburg
(1572–1620)
∞ Anna v. Preußen
(1576–1625)
Georg Wilhelm v. Brandenburg
(1595–1640)
∞ Elisabeth Charlotte v. d. Pfalz
(1597–1660)
7 weitere Kinder
4 weitere Kinder
Luise Charlotte
(1617–1676)
∞ Jakob Kettler
v. Kurland
(1610–1681)
Hedwig Sophie
(1623–1683)
∞ Wilhelm
v. Hessen-Kassel
(1629–1663)
Johann Sigismund
(*/† 1624)
FRIEDRICH WILHELM
V. BRANDENBURG
(1620–1688)
∞ (2)
Dorothea v.
Braunschweig-
Lüneburg
(1636–1689)
geb. Schleswig-
Holstein-Sonderburg-
Glücksburg
Heinrich
(*/† 1664)
Amalie
(1664–1665)
Ludwig
(1666–1687)
7 Kinder

# Literaturverzeichnis (Auswahl)

Alexander, Manfred, Kleine Geschichte Polens, Stuttgart 2008
Aretz, Gertrude, Die Frauen der Hohenzollern, Berlin 1933
Bahr, Petra, Paul Gerhardt. Leben und Wirkung, Freiburg 2007
Beer, Norbert, Christliche Kirchen feiern das Abendmahl. Eine vergleichende Darstellung, Kevelaer/ Bielefeld 1993
Beuys, Barbara, Der Große Kurfürst. Friedrich Wilhelm, der Mann, der Preußen schuf, München 2012
Biereigel, Hans, Luise Henriette von Nassau-Oranien. Kurfürstin von Brandenburg, Erfurt 2005
Boeck, Wilhelm, Oranienburg. Geschichte eines preußischen Königsschlosses, Berlin 1938
Boehn, Max von, Die Mode. Eine Kulturgeschichte vom Barock bis zum Jugendstil, München 1976
Bornhak, Friederike, Die Fürstinnen auf dem Thron der Hohenzollern in Brandenburg-Preußen, Berlin 1899
Brühl, Christine von, Anmut im märkischen Sand. Die Frauen der Hohenzollern, Berlin 2015
Carsten, Francis L., Die Entstehung Preußens, Köln 1968
Clark, Christopher, Preußens Aufstieg und Niedergang 1600–1947, Berlin 2007
Dickmann, Fritz, Der Westfälische Friede, Münster 1998
Diedenhofen, Wilhelm, Gärten und Parks in Kleve, Rheinische Kunststätten 1978
Dove, Alfred, Die Kinder des Winterkönigs, Leipzig 1898
Driessen, Christoph, Die Geschichte der Niederlande. Von der Seemacht zum Trendland, Regensburg 2009
Ebbersmeyer, Sabine (Hg.), Briefwechsel zwischen Elisabeth von der Pfalz und René Descartes, Paderborn 2015
Erbe, Michael u. a., Das Zeitalter des Sonnenkönigs, Darmstadt 2015
Findeisen, Jörg-Peter, Christina von Schweden. Legende durch Jahrhunderte, Frankfurt/Main 1992
Haffner, Sebastian, Preußen ohne Legende, Hamburg 1978
Hahn, Peter-Michael, Geschichte Brandenburgs, München 2016
Hammer, Ulrike, Kurfürstin Luise Henriette. Eine Oranierin als Mittlerin zwischen Brandenburg-Preußen und den Niederlanden, Münster 2001
Hansmann, Wilfried, Gartenkunst der Renaissance und des Barock, Köln 1983
Herfert, Siegfried, Das Waisenhaus Oranienburg, Berlin 2020
Hinrichs, Carl, Preußen und Pietismus, Göttingen 1971
Hirsch, Ferdinand (Hg.), Die Briefe der Kurfürstin Luise Henriette von Brandenburg an den Oberpräsidenten Otto von Schwerin, Leipzig 1897
Hoffmeister, Titia, Oranienburg, Berlin 1991
Huizinga, Johan, Holländische Kultur im 17. Jahrhundert, Basel 1961
Junkelmann, Marcus, Gustav Adolf. Schwedens Aufstieg zur Großmacht, Regensburg 1993
Kleinschmidt, Arthur, Amalie von Oranien, geborene Gräfin zu Solms-Braunfels, Berlin 1905

Kroll, Frank-Lothar (Hg.), Preußens Herrscher. Von den ersten Hohenzollern bis Wilhelm II., München 2001
Lademacher, Horst, Die Geschichte der Niederlande, Darmstadt 1982
Lademacher, Horst (Hg.), Oranien-Nassau, die Niederlande und das Reich, Münster/Hamburg 1995
Luh, Jürgen, Der Große Kurfürst. Friedrich Wilhelm von Brandenburg – Sein Leben neu betrachtet, München 2020
Mörke, Olaf, Wilhelm von Oranien (1533–1584). Fürst und »Vater« der Republik, Stuttgart 2007
Neugebauer, Wolfgang, Die Geschichte Preußens. Von den Anfängen bis 1947, München 2006
Oestreich, Gerhard, Die Niederlande und Brandenburg-Preußen, Bonn 1973
Ders., Friedrich Wilhelm, der Große Kurfürst, Göttingen 1971
Onder den Oranie Boom, Kunst und Kultur im 17. und 18. Jahrhundert an deutschen Fürstenhöfen. Ausstellungskatalog, München 1999
Parker, Goffrey, Der Dreißigjährige Krieg, Frankfurt(Main 1987
Ders., Der Aufstand der Niederlande, München 1979
Plasger, Georg, Johannes Calvins Theologie. Eine Einführung, Göttingen 2008
Reinhardt, Volker, Die Tyrannei der Tugend. Calvin und die Reformation in Genf, München 2009
Rohloff, Rainer, Johannes Calvin. Leben – Werk – Wirkung, Göttingen 2011
Rothermund, Dietmar, Europa und Asien im Zeitalter des Merkantilismus, Darmstadt 1978
Saring, Toni, Luise Henriette. Kurfürstin von Brandenburg, Göttingen 1941
Schmidt, Werner, Friedrich I., Kurfürst von Brandenburg, König von Preußen, München 1996
Schoeps, Julius H., Berlin. Geschichte einer Stadt, Berlin 2012
Schröder, Hans-Christoph, Die Revolutionen Englands im 17. Jahrhundert, Frankfurt/Main 1994
Stöver, Bernd, Geschichte Berlins, München 2010
Tamse, Coenraad A. (Hg.), Nassau und Oranien, Statthalter und Könige der Niederlande, Göttingen 1985
Tuchtenhagen, Ralf, Kleine Geschichte Schwedens, München 2008
Vehse, Carl Eduard, Die Höfe zu Preußen, 3 Bde., Leipzig 1993
Wedgwood, C.V., Die Wege der Mächtigen. Wilhelm von Oranien, Richelieu, Cromwell, München 1970
Wiesinger, Liselotte, Das Berliner Schloss. Von der kurfürstlichen Residenz zum Königsschloss, Darmstadt 1989
Wilenga, Friso, Geschichte der Niederlande, Stuttgart 2012
Der Winterkönig Friedrich von der Pfalz. Bayern und Europa im Zeitalter des Dreißigjährigen Krieges, Ausstellungskatalog München 2003
Wintzingerode, Heinrich Jobst Graf von, Die märkische Amazone. Kurfürstin Dorothea von Brandenburg, Göttingen 2012
Wittmann, Tibor, Das Goldene Zeitalter der Niederlande, Leipzig 1975
Wrede, Martin, Ludwig XIV. Der Kriegsherr aus Versailles, Darmstadt 2015

# Register

## Personenregister

*Nicht aufgeführt sind die Namen Luise Henriette und Kurfürst Friedrich Wilhelm.*


**A**

Agnes zu Sayn-Wittgenstein (1569–1617), Luise Henriettes Großmutter 24

Agrippina (15–59), Mutter Neros 38

Albertine Agnes von Oranien (1634–1696), Gem. Friedrich Wilhelms von Nassau-Dietz, Luise Henriettes Schwester 9, 64, 127

Albrecht von Brandenburg-Ansbach (1490–1568), letzter Hochmeister des Deutschen Ordens, erster Hzg. in Preußen 36

Albrecht Friedrich von Brandenburg-Ansbach (1553–1618), Hzg. in Preußen 37

Amalie von Solms-Braunfels (1602–1675), Gem. Friedrich Heinrichs von Oranien, Luise Henriettes Mutter 8 f., 22–28, 38, 41, 43, 46 f., 50, 58, 63, 78, 84, 96, 101, 114 f., 119

Amalie von Brandenburg-Preußen (1664–1665), Tochter des Kurfürstenpaars 110

Anna von Österreich (1601–1666), Gem. Ludwigs XIII., Kg. von Frankreich 50

Anna von Egmond (1533–1558), 1. Gem. Wilhelms von Oranien 15

Anna Gonzaga (1616–1684), Schwester der poln. Kgin. Maria Luisa 88

Anna von Preußen (1552–1632), Gem. Kfst. Sigismunds von Brandenburg, Enkelin des Hzgs. von Jülich-Kleve-Berg 48

Anna von Sachsen (1544–1577), 2. Gem. Wilhelms von Oranien 16, 18

Anna Stuart (1665–1714), 1. Kgin. Großbritanniens 127

**B**

Beverwijk, Jan van (1594–1687), niederländ. Arzt 22

Blankaart, Stephanus (1650–1704), niederländ. Pädagoge 22

Breschnew, Leonid (1906–1982), Generalsekretär der KPdSU 91

Burgsdorff, Konrad von (1595–1652), Oberkämmerer am Berliner Hof 69, 71

**C**

Calvin, Johannes (1483–1564), Schweizer Reformator 16 f., 73

Charlotte von Bourbon (1546/47–1582), 3. Gem. Wilhelms von Oranien 16, 18, 24, 41

Charlotte Brabantina (1580–1631), Tochter Wilhelms von Oranien 42

Christian Albrecht von Dohna (1621–1677), Luise Henriettes Cousin 84, 101

Christian Ludwig von Braunschweig-Lüneburg (1622–1665), Hzg. von Celle, Gem. Dorotheas von Schleswig-Holstein-Sonderburg-Glücksburg 102, 119

Christine (1626–1689), Tochter Gustav Adolfs II., Kgin. von Schweden 20, 38, 40, 86 f.

Cromwell, Oliver (1599–1658), Lordprotektor von England, Schottland und Irland 41, 78 f.

**D**

Danckelmann, Eberhard von (1643–1722), Erzieher des Prz. Friedrich 112 f.
Descartes, René (1596–1650), franz. Philosoph 20, 58, 86
Dorothea von Schleswig-Holstein-Sonderburg-Glücksburg (1636–1689), 2. Gem. des Kfst. Friedrich Wilhelm 102, 119–124

**E**

Eduard von der Pfalz (1625–1663), Sohn des „Winterkönigs“, Schwager der poln. Kgin. Maria Luisa 88
Elisabeth I. (1533–1603), Kgin. von England 38
Elisabeth von der Pfalz (1618–1680), Tochter des „Winterkönigs“, Äbtissin von Herford 30, 42, 58 f., 88
Elisabeth Stuart (1596–1662), Tochter Jakobs I., Gem. des „Winterkönigs“ 23 f., 27, 30
Elisabeth Charlotte von der Pfalz (1597–1660), Schwester des „Winterkönigs“, Gem. des Kfst. Georg Wilhelm 24, 29 f., 31, 38, 40, 42, 61, 63, 94 f.
Emilie von Hessen-Kassel (1626–1693), Gem. von Henri Charles de la Trémoille 44

**F**

Ferdinand III. (1608–1657), Ks. des Hl. Röm. Reiches 97
Friedrich von Hohenzollern (1371–1440), Burggf. von Nürnberg 32
Friedrich V. (1596–1632), Kfst. von der Pfalz, „Winterkönig“ von Böhmen 23 f., 26 f., 29
Friedrich I. (1657–1713), Sohn des Kurfürstenpaares, 1. Kg. „in“ Preußen 7, 56, 81, 96 f., 109, 112 f.
Friedrich II. (1712–1786), Kg. von Preußen 66, 68
Friedrich Heinrich von Oranien (1584–1647), Luise Henriettes Vater, Statthalter der Niederlande 8 f., 18, 24, 26, 29 ff., 38, 43, 45, 46 f., 50, 61
Friedrich Wilhelm I. (1688–1740), Kg. von Preußen 68, 105
Friedrich III. (1609–1679), Kg. von Dänemark 98

**G**

Georg Wilhelm (1595–1640), Kfst. von Brandenburg 24, 29 f., 31, 33, 38, 71, 73
Georg Wilhelm (1624–1705), Hzg. von Braunschweig-Lüneburg 102
Gerhard, Paul (1607–1676), evang. Theologe und Dichter 74 f.
Gustav Adolf II. (1594–1632), Kg. von Schweden 26, 38, 86

**H**

Hedwig von Polen (1373–1399), „König“ von Polen 36
Heinrich von Brandenburg-Preußen (*/† 1664), Sohn des Kurfürstenpaares 110
Henriette Katharina von Oranien (1637–1708), Luise Henriettes Schwester, Gem. Johann Georgs II. von Anhalt-Dessau 9, 65, 101, 105, 110
Hippokrates (um 470–um 370 v. Chr.), griech. Arzt 104
Honthorst, Gerrit van (1592–1656), niederländ. Hofmaler 57
Honthorst, Willem van (1594–1666), brandenburg. Hofmaler 57

**J**

Jagiello († 1434), Großfst. von Litauen und Kg. von Polen 36

Jakob I. Stuart (1566–1625), Kg. von England 23, 30
Jakob II. Stuart (1633–1708), Kg. von England (bis 1688) 125–127
Joachim II. (1505–1571), Kfst. von Brandenburg 72
Johann Albrecht zu Solms-Braunfels (1563–1623), Luise Henriettes Großvater 24
Johann Georg II. (1627–1693), Fst. von Anhalt-Dessau 105
Johann II. Kasimir (1609–1672), Kg. von Polen 87 ff.
Johann Moritz von Nassau-Siegen (1604–1679), Statthalter von Kleve 53 f., 70, 80
Johann Sigismund (1572–1620), Kfst. von Brandenburg 72 f.
Johann Wilhelm (1562–1609), Hzg. von Jülich-Kleve-Berg 47

**K**

Karl der Große (um 747–814), Ks. des Frankenreichs 12, 77
Karl der Kühne (1433–1477), Hzg. von Burgund 12
Karl V. (1500–1558), Ks. des Hl. Röm. Reichs, Kg. von Spanien 13, 15
Karl I. (1600–1649), Kg. von England 41, 78
Karl II. (1630–1685), Kg. von England 41, 125
Karl Emil (1655–1674), ältester Sohn des Kurfürstenpaares 84 f., 89 f., 96, 105 ff., 113, 120
Karl IX. (1550–1611), Kg. von Schweden 87
Karl X. (1622–1660), Kg. von Schweden 87 ff., 92, 94, 97, 102
Katharina von Bora (1499–1552), Gem. Martin Luthers 39
Katharina Wasa (1584–1634), Tochter Karls IX. 87
Kettler, Gotthard (1517–1587), Hzg. von Kurland 94
Kettler, Jakob (1610–1682), Hzg. von Kurland 94 f.
Konrad (1187/88–1247), Hzg. von Masowien 35

**L**

Leopold I. (1676–1747), Fst. von Anhalt-Dessau, der „alte Dessauer“ 105
Lisola, Franz von (1613–1674), Diplomat im Dienste Habsburgs 97
Ludwig von Brandenburg-Preußen (1666–1687), Sohn des Kurfürstenpaares 115, 120
Ludwig XI. (1423–1483), Kg. von Frankreich 12
Ludwig XIV. (1638–1715), franz. „Sonnenkönig“ 50, 114, 122, 124, 126, 128
Luisa Maria Gonzaga (1611–1667), Kg. von Polen 88 f., 96 f., 102
Luise von Coligny (1555–1620), 4. Gem. Wilhelms von Oranien, Luise Henriettes Großmutter 18
Luise Charlotte von Brandenburg (1617–1676), Schwester des Kfst. 30, 94 f.
Luise Hollandine (1623–1709), Tochter des „Winterkönigs“, Äbtissin von Maubuisson 30, 40, 42
Luise Juliane von Oranien (1576–1644), Mutter des „Winterkönigs“ 24, 29
Luther, Martin (1483–1546), dt. Reformator 16 f., 36, 39 f., 72

**M**

Margarete von Österreich (1480–1530), Tochter Maximilians I., Statthalterin der Niederlande (1506–1515) 13
Maria von Burgund (1457–1482), Tochter Karls des Kühnen, 1. Gem. Maximilians I. 12 f.

Maria von Medici (1575–1642), Gem. Heinrichs IV. von Frankreich 27, 50
Maria II. Stuart (1662–1694), Gem. Wilhelms III. von Oranien, Kg. von England 125–127
Maria Eleonora von Brandenburg (1599–1650), Schwester Kfst. Georg Wilhelms, Gem. Gustav Adolfs II. von Schweden 38
Maria Henrietta Stuart (1631–1660), Gem. Wilhelms II. von Oranien 41, 47, 60
Maria Teresa von Spanien (1638–1683), Gem. Ludwigs XIV. von Frankreich 114
Marie Henrietta von Oranien (1642–1688), Luise Henriettes Schwester, Gem. Ludwig Heinrichs von Pfalz-Simmern 9, 65, 115
Martiz, Anna, Luise Henriettes Kammerfrau 118
Maximilian I. (1459–1519), Ks. des Hl. Röm. Reichs 12 f.
Maximilian von Egmond (1509–1548), niederländ. General 15
Memhard, Johann Gregor (1607–1678), Baumeister 64, 66
Merode, Freifrau von, Luise Henriettes Erzieherin 10
Moritz von Oranien (1567–1625), Statthalter der Vereinigten Provinzen 18, 24

**O**

Ottokar II. (1233–1278), Kg. von Böhmen 91

**P**

Philipp von Habsburg (1478–1506), Sohn Maximilians I. 13
Philipp II. (1527–1598), Sohn Karls V., Kg. von Spanien (ab 1556) 15
Philipp von Brandenburg-Schwedt (1669–1711), Sohn aus der 2. Ehe des Kfst. 120

**R**

Rivet, André (1572–1651), Theologe und Hofprediger in Den Haag 10
Rubens, Jan (1530–1587), Rechtsanwalt in Köln, Vater des Malers Peter Paul Rubens 16
Rubens, Peter Paul (1577–1640), fläm. Barockmaler 16, 27, 51
Runge, Christoph (1619–1681), Berliner Buchdrucker 76

**S**

Schwerin, Helene Dorothee von (1620–1677) 100 f.
Schwerin, Otto von (1616–1679), Luise Henriettes Hofmeister und Vertrauter 60 ff., 71 f., 76, 80, 90, 98, 100, 104, 106 ff., 110, 112 ff., 116, 119
Sigismund (1368–1437), dt. Kg. (ab 1411) 32
Sigismund (1572–1620), Kfst. von Brandenburg 48
Sigismund Wasa (1565–1632), als Zygmund III. Kg. von Polen 87
Sophie von der Pfalz (1630–1714), Tochter des „Winterkönigs“, Gem. Ernst Augusts von Hannover 42
Stefan Bartory (1533–1586), Kg. von Polen 87

**T**

Taine, Hippolyte (1828–1893), franz. Philosoph 20
Trémoille, Henri Charles de la (1622–1672), Offizier in niederländ. Diensten 42 f., 44 f.
Trémoille, Claude de la (1566–1604), Schwiegersohn Wilhelms von Oranien 42

**W**

Waldeck, Georg Friedrich von (1620–1692), leitender Minister 69 ff., 76

Wilhelm von Oranien (1533–1584), Statthalter der Niederlande, Luise Henriettes Großvater 10, 13 ff., 24
Wilhelm II. von Oranien (1626–1650), Statthalter der Vereinigten Provinzen, Luise Henriettes Bruder 9, 26, 41, 47, 60 f.
Wilhelm III. von Oranien (1650–1702), Statthalter der Vereinigten Provinzen (ab 1672), Kg. von England (ab 1689) 61, 125–128
Wilhelm IV. von Oranien (1711–1751), Statthalter der Vereinigten Provinzen (ab 1747) 127
Wilhelm I. (1772–1843), Kg. der Niederlande (ab 1815) 127
Wilhelm Heinrich von Brandenburg (1648–1649), 1. Sohn des Kurfürstenpaares 52
Witt, Jan de (1625–1672), niederländ. Ratspensionär 124 f.
Wladislaw IV. (1595–1648), Kg. von Polen 37, 88
Wolfgang Wilhelm von Pfalz-Neuburg (1578–1653) 48

## Ortsregister

*Nicht aufgeführt sind die Ortsbezeichnungen Brandenburg / Brandenburg-Preußen und Niederlande.*

**A**
Aachen 76 ff., 83
Amsterdam 19
Angermund 70

**B**
Bad Kreuznach 65
Belgien 18
Bergisches Land 70
Berlin 30, 31, 33, 43, 48, 56, 59, 70, 81, 89 f., 98, 105 f., 107, 115, 117, 123
Böhmen 23
Bötzow 59 ff.
Brabant 12, 18
Breda 13, 15
Burgund 12

**C**
Cammin 53
Crossen 38, 63

**D**
Danzig 35, 90, 102
Delft 47, 115
Den Haag 9, 19, 24, 26 f., 29, 43, 45, 47, 56, 58, 63, 115 f., 125
Dessau 64
Deutschordensstaat 33, 35 f.
Dietz 64
Duisburg 117
Düsseldorf 48, 69

**E**
Elbing 35
England 41, 78 f., 125–128

**F**
Flandern 12, 18
Frankreich 12, 16, 50, 53, 71, 124, 127

**G**
Geldern 12
Gent 12
Groningen 101

**H**
Haag (s. Den Haag)
Haarlem 67
Halberstadt 53, 117
Hamburg 101
Heidelberg 24, 27
Herford 59
Holland 12, 15, 18

**J**
Java 19
Jütland 98, 100 ff.

**K**
Karlsbad 124
Kleve 32, 47 ff., 52, 70, 103, 107, 114 ff.
Köln 16
Königsberg 31, 35, 37, 48, 89 ff., 97, 106 f.
Kurland 94 f., 103
Küstrin 31

**L**
Lettland 94
Limburg 12
Linz/Donau 64
London 125, 127
Lüttich 12
Lützen 38, 86

**M**
Magdeburg 119
Marienburg 35 f.
Mark 32, 48
Mecheln 18
Mecklenburg 101
Memel 35
Minden 53

**N**
Namur 12
Nessau 35

**O**
Oliva 102
Orange 15
Oranienburg 64 ff., 78, 80 ff., 90, 105 ff., 111 f.
Ostpreußen 32 f., 91, 106

**P**
Palästina 35
Paris 50, 88
Polen 36, 87 ff., 92 ff., 95 ff., 103
Pommern 37 f., 53, 61, 89
Potsdam 67 f.
Prag 9, 23 f.

**R**
Ravensberg 32, 48, 70
Rom 86
Rotterdam 19

**S**
Schlesien 88
Schwanenburg 50 f.
Schweden 31, 33, 53, 85 ff., 97, 101
Schwedt 122 f.
Seeland 12, 15, 18
Spa 103
Spanien 13, 16, 18 f.
Stettin 37
Straßburg 120
Sumatra 19

**T**
Tannenberg 36
Thorn 35
Torbay 127

**U**
Utrecht 12, 15, 18, 115

**V**
Venedig 35
Viborg 101

**W**
Warschau 37, 92, 97
Wehlau 97
Wesel 55
Westfalen 112
Westfriesland 15, 18

**X**
Xanten 48

# Bildnachweis

Adobe: 27 (tipak16), 128 (Thomas Jablonski)
akg-images: 25, 28
bpk: 11, 46 (RMN – Grand Palais / Adélaïde Beaudouin), 51 (Kupferstichkabinett, SMB / Volker-H. Schneider), 93 (Stiftung Preußische Schlösser und Gärten Berlin-Brandenburg | Jörg P. Anders), 99, 116 (Stiftung Preußische Schlösser und Gärten Berlin-Brandenburg | Jörg P. Anders)
https://commons.wikimedia.org/: Covermotiv (public domain), 14 (public domain), 34 (public domain), 54 (public domain), 65 (Edelseider, CC-BY-2.0), 82 (public domain), 121 (public domain)